働く女子の
未来はどうなる？

# 結婚しないと
# 言っているアナタに
# ぜひ読んでほしい!!

マダム桃美×高橋フミアキ

コスモ21

カバーデザイン◆中村　聡

結婚しないと言っているアナタにぜひ読んでほしい!!◎もくじ

プロローグ　ベストパートナーとの出会いはほんとにあるのか？　7

# 1 キャリア女子たちはどんな結婚を目指しているのか？

仕事の喜びを得る結婚！　13
夫婦愛の喜びを得る結婚！　20
子育ての喜びを得る結婚！　25
セックスの喜びを得る結婚！　35
すべての喜びを得る結婚！　38

# 2 なぜ婚期が遅くなるのか？

結婚する理由が見つからない！　46
仕事中心で恋愛は二の次になっている！　49

キャリア女子たちに結婚をあきらめさせる敵がいる！ 53
キャリア女子が結婚できる環境がない！ 56
決して、決して、あきらめないで！ 59

## 3 なぜ親密な関係になりづらいのか？

ありのままの自分を愛してほしいと思うキャリア女子！ 63
男は女のおしゃべりにうんざりしている！ 69
恋愛事情が日本と大きく違う欧米の考え方とは 73
昔はできちゃった婚が主流だった！ 77
なぜ草食系男子が増えたのか？ 81

## 4 なぜ男を取り逃がすのか？

アナタには肉体的な魅力しかないのか？ 86
キャリア女子が嫌われる五つのタイプ 90
距離を置きたがる男の心理とは？ 94

男を惹きつける三つのスキル　99
目標を失い絶望した人たち　106
頑張らない病を克服しよう！　111

## 5 キャリア女子が結婚までこぎつけるには？

一度も失敗しない人生が楽しいですか？　116
変化や違いを楽しめる感性を身に付けよう！　123
「依存」と「自立」を上手に使い分ける！　132
結婚までの面倒臭いプロセスを楽しくする方法　137
ラブパワーこそがお金を引き寄せる！　147
(1)アイデア創出　150
(2)市場アクセス　150
(3)変革と成長　151
ポイントは何でも言い合えるルール作り！　154

## 6 億万長者と結婚した私の法則

法則1／男は男らしく、女は女らしく　163
法則2／むしろ努力を楽しむ　168
法則3／甘い言葉に惑わされないで　173
法則4／ピンっとくるアンテナを磨く　177
(1)小さな幸せを見つけて喜ぶ　181
(2)自分軸で「美しいかどうか」「心地よいかどうか」を考える　181
(3)「ありがとう」を口癖にする　182
法則5／結婚しない理由じゃなくて、結婚する理由を探す　183
エピローグ　189
あとがき　194

## プロローグ　ベストパートナーとの出会いはほんとにあるのか？

「ふざけないでください！　結婚しないキャリア女子、働く女子が、なんで負け組ってことになるんですか？」

ボクは頭に血が昇ってしまった。

「何をそんなに熱くなっているんですか？　もっと冷静に話し合いましょうよ。私が言いたいのは、結婚をあきらめてしまっていいのかってことなんです」

マダム桃美さんは、あくまで冷静に話した。

ボクの名前は高橋フミアキ。文章術や自己啓発の本を20冊近く出版している、言葉の専門家だ。

ボクは、娘が小学生のときに離婚し、シングルファザーとして娘を育てた。その娘も、すでに大学を卒業し、ベストパートナーを見つけて結婚した。

そんなとき、マダム桃美さんと共著で本を出版するという企画が持ち上がった。

桃美さんは、教育系の会社を経営していて、テレビやラジオ、新聞、雑誌に頻繁に登場する有名人だ。「言葉の専門家」と「教育の専門家」がコラボしたら、素敵な本ができあがるんじゃないかということで話を進めていた。

ところが、読者ターゲットを「キャリア女子、働く女子」にしようというところから、雲行きが怪しくなってきたのだ。春の午後、西新宿のボクのオフィスで、出版社の編集者も交えて打ち合わせを行なった。

「キャリア女子の一番の関心事って何でしょうね？」

編集者が何気ない感じで、そんな質問をした。本のコンセプトを決める企画会議だ。

「それは、やっぱり、結婚じゃないでしょうか？」

と桃美さん。

「仕事と結婚の両立って、できるんですかねぇ？　政府がいくら支援しても現実は難しいですからねぇ」

とボク。

「あら、私は、ちゃんと、両立できてますよ」

「桃美さんがそう言うと、上から目線に聞こえますね。桃美さんは、億万長者の男性と結婚し、子どもも出産して、それでいて仕事もバリバリこなしているわけですからね。でもね、桃美さんのようなスーパーウーマンは、そんなにいないんです。9割の人は、平凡なキャリア女子なんですよ。桃美さんの真似なんて、誰もできませんよ」

ボクは少しムカついていた。

桃美さんのご主人は会社を経営している。投資家としても有名で、まさしく億万長者クラスのお金持ちだ。アメリカと東南アジアに新居を建てたという。仕事も順調で、子どもの世話や家事もやってくれるご主人だ。だから、桃美さんは、全国を飛び回って仕事や講演活動ができる。

うらやましいかぎりだ。

「何ですか？　その歯に衣を着せたような言い方？」

桃美さんの感情にも火がついてしまったようだ。

「じゃあ、言わせていただきますけど、桃美さんの、そのリア充な暮らしぶりが、どれだけの人を苦しめているのか、ご存知ですか？　結婚して子どもを産んで家庭を築いた人が勝ち組で、結婚できなかった人は負け組だという世間の風潮にボクは我慢がならないんです！　何で、負け組なんですか。そもそも、人は、なぜ結婚しなきゃいけないんですか？」

「結婚したいのに、結婚できないという人のことを、私は言っているんです。結婚をあきらめてしまったら、やはり負け組と言っていいんじゃないでしょうか？」

「結婚できないのは、本人の問題だけじゃないじゃないですか？　とくにキャリア女子たちは仕事がありますから、会社に縛られる部分がいっぱいあります。国際競争も激しくなり、海外の低賃金の労働力と競争しなきゃいけない時代です。多くの企業がブラック化するなか、キャリア女子たちは、結婚どころじゃないんですよ。それを一概に、結婚をあきらめてしまったら負けだと言うのはどうなんでしょうか？」

「今の時代、仕事でも努力してある程度成功しなければ結婚できないってことですよ。結婚はある意味、ステイタスですから。会社や政府に頼ってもダメだし、他人のせいにしてもダメ。自分で切り拓くしかないんです」

「そこですよ、ボクがいいたいのは！　キャリア女子たちがみんなあなたのように強くはないんです。それを負け組って言ってしまったら、可哀想じゃないですか？」

「そうやって、高橋さんは、甘い言葉を使って、ボクはキャリア女子たちの味方ですよ、って顔しているんでしょ？　言っておきますけど、甘い言葉は何の役にも立ちませんから。味方のフリしている人たちがいちばんタチが悪いんですよ。キャリア女子たちの本当の味方なら、役に立たない慰めの甘い言葉を並べる前に、どうしたら結婚できるのかを考えて導くべきではないんですか？」

「だから、キャリア女子が結婚するのは、至難のワザだって言っているんですよ」

「そうやって、キャリア女子たちにあきらめさせてどうするんですか？」

「どうにもならないから、あきらめたほうが楽じゃないですか？」

「私にまかせてください。**誰でも結婚できる方法をお教えします。これはキャリア女子だけじゃなくて、男性にも役立つノウハウですよ**」

「ホントにそんなノウハウがあるんですか？」

「高橋さんも、いまは独身でしょ？　お嬢様が結婚されて、家を出て行って、高橋さんは、いま一人暮らしなんでしょ。そろそろ再婚なさったら、どうですか？」

「だから、ボクのことはどうでもいいんですよ。一生独身でもいいかなぁって思ってるんですから」

「いま、『でも』って言いましたよね。でもって。そこには、あきらめがあるんじゃないですか？　ホントはベストパートナーと出会って、結婚したかったりしません？　ちゃんと本音を言ってくださいよ！」

「はい。正直に言うとそうです。世界のどこかにボクのベストパートナーがいるかもしれません。その人と出会って、幸せな生活を送りたいです。でも、ベストパートナーを見つけることなんて無理ですよ」

「また、何で、そうやってすぐにあきらめちゃうんでしょう？　では、ベストパートナーとどうやって出会うかというお話からはじめましょうか？」

「まだ納得していませんけどね。でも、まあ、話だけは聞きますよ」

その日は、桃美さんと結婚についてのバトルが続いた。

桃美さんも自分で会社を立ち上げて大きくしてきた実績のある人だから、芯は強いものを持っている。ボクが反論しても、一歩も引かずに論陣を張る。しかも、普段から人前で話すことが多いだけあって、声がよく通るのだ。

「言葉の専門家」と「教育の専門家」のコラボ企画は、いつの間にか忘れ去られてしまっていた。

# 1 キャリア女子たちはどんな結婚を目指しているのか？

## ◇仕事の喜びを得る結婚！

出版社の編集者は帰ってしまったが、ボクと桃美さんのバトルは続いていた。

桃美さんはさらにヒートアップして、顔を真っ赤にしている。

「喉が渇いたんですけど、何か飲み物って……」

桃美さんが控え目に言う。

あいにく、水とかお茶のたぐいは置いてなかった。ただ、冷蔵庫のなかにもらい物のスパークリングワインがあった。

「これしかないんですけど」

とボクが言うと、

「いいわよ」

と桃美さんが言った。

ボクはシャンパングラスにスパークリングワインをそそいだ。

桃美さんは軽く唇を湿らせる。

桃美さんの外見は、可愛らしくて乙女チックな女性である。小柄で華奢な細身だ。しかし、その中身はかなりの酒豪だった。

「キャリア女子たちに言いたいんです。結婚は絶対にするべきです」

しっかりとした口調で桃美さんは言う。1杯くらいでは、ちっとも酔っていないみたいだ。

「結婚、結婚って、うるさいんですよ。女の幸せは、結婚だけじゃないでしょ？」

ボクはあくまでも結婚を押しつける意見には反対だ。

「いいえ。**男も女も、幸せになるには結婚するしかありません。**人間の幸せは結婚だけです。もちろん、自由ですよ。自由の国ですから日本は！　結婚する自由！　結婚しない自由！　自由って素晴らしいですよね。でもね。人は自由になるほど幸福度が下がるんですよ」

「それくらい知ってますよ。心理学者のバリー・シュワルツ博士の言った理論ですよね」

自由とは、選択肢が広がるということだ。まさに現代の日本はあらゆる選択肢があふれている。結婚してもいいし、しなくてもいい。同棲という選択肢だってある。内縁の妻になってもいいし、不倫したっていい。相手を選ぶのも自由だ。お見合いサイトに登録すれば、より取り見取り、どんな男でも選び放題である。

バリー・シュワルツ博士によると、選択肢が増えると次の四つの弊害が起こるという。

(1)**決断できなくなる。**選択肢が多くなると、正しく決断しようと考え、決断を先延ばしにしてしまう傾向が人間にはある。そうなると、先延ばし人生となり、満足のいく結果を得るチャンスを逃してしまう。そこには無力感が生まれるというのだ。

(2)決断したとしても、**満足度が低くなる。**選ばなかった別の選択肢が自分の選択を後悔させるのだ。結婚しないほうがよかったかもと思わせたり、他の人と結婚しておけばよかったと悔やんだりするわけだ。

(3)選択肢が広がると**期待値も一緒に上がる。**期待値が上がると、高くなった期待値を満足させてくれる相手など見つかるわけがないのだ。

(4)選択肢が広がると自己責任となり、**自分を責めるようになる。**選択肢が一つしかない場合は、その責任を他人に押しつけることができるが、選択肢がたくさんあると、自分のせいにするしかない。

「選択肢が広がれば広がるほど不幸になることはわかりました。では、どうすればいいんですか?」

「だから、自分で決めることですよ。結婚するんだって! 幸せになるには、この道しかないんだって決めればいいんです」

「そう簡単にはいきませんよ。仕事もありますしね」

「仕事があるから結婚できないと言うんですか?」

「そういうキャリア女子は多いと思いますよ」

「それは嘘です。自分を誤魔化してます」

「でも、多くのキャリア女子たちは、仕事と結婚とどちらを選ぶかという選択を迫られるわけじゃないですか」

「誰が迫るんですか？」

「仕事と結婚の両立なんてできないじゃないですか？」

「なんで、そう決めつけるんですか？　時代がどう変わろうと、**仕事と結婚は両立できます。**私の周りは結婚してから、ますます仕事が成功した女性ばかりですよ。友人なんて、結婚生活を経験したことでカリスマブロガーになり、『ズルいくらいに愛されるたった1つの方法』（KADOKAWA）という本まで出版してますよ！　シングルマザーもいますが、彼女たちなんて、夫の収入や慰謝料もなしに自分で生活を支え、子どもを育て、さらにパートナーがほしいの！　と再婚する気満々ですよ。そもそも、高橋さんのお母さんは仕事をしていたって言ってましたよね」

ボクの母は広島の酒蔵で働いていた。蔵の職人たちのまかないを作ったり、一升瓶を洗ったりする仕事だ。仕事から帰ってから、夕食のしたくをし、掃除や洗濯などの家事をしていた。父は、製鉄会社に勤務していて、24時間燃え続ける溶鉱炉の周りで働いていた。だから夜勤が多かった。

「貧乏でしたからね」

「お金がないから結婚できないという人がいますけど、**お金がないからこそ結婚するべきです。**結婚は収入を増やす絶好のチャンスなんです！」

「若者たちの平均年収って、知ってますか？　30代前半の男性が438万円（平成25年国税庁調べ）ですけど、格差が広がっていますから、実際は300万円前後の人が圧倒的に多いと思います。300万円でどうやって生活するんですか。都心で生活するのはまず無理ですよ」

「あら、また、そうやって決めつけてる。それ、高橋さんの悪い癖ですよ。女性の30代前半は294万円でしょ。夫婦共働きで生活すれば500万円くらいにはなるじゃないですか。それに、一人暮らしで7万円のワンルームに別々に住んでいたら、14万円も家賃を毎月払い続けることになるでしょ。10万円くらいの2LDKに住めば十分やっていけるはず。光熱費や水道代、食事代だって、結婚したほうが絶対に経済的です」

「仕事が楽しくて、結婚なんて考えられない、というキャリア女子もいっぱいいますよ。結婚ってわずらわしいことだらけですからね。誰だって、わざわざ、そんな面倒臭いこと、背負い込みたくないですよ」

「たしかに、仕事の喜びを知ってしまったキャリア女子は結婚なんて必要ないって思うでしょうね。私も結婚する前は仕事が楽しかったし、職場で輝いていました。仕事の付き合いやイベントも多くてタクシー帰宅の連続でした。仕事が私の人生と生活そのものでしたから。

でも、**結婚すると、その輝きは2倍どころか、10倍も100倍も増すんです。**私の主人は長年会社を経営してきましたから、経営者としての視点を持ってますし、投資や数字に強いんです。逆に、私は数字に弱いし、経営はずぶの素人。私に無いものを主人が持っているので、仕事の相談を毎日してるんです。会社のスタッフのマネジメントの相談や、どうやったらもっと集客できるかとか、四六時中、いつでも、どこでも、無料でコンサルティングを受けてるわけです。

こんなこと、結婚して、一緒に暮らしているからできることでしょ。おかげで、いまの仕事がより一層発展しているし、収益も上がりました。楽しいですよ。いままで気づかなかったような、仕事の喜びを結婚してから手に入れました。結婚すると働く喜びも手に入れることができるんです」

「ちょっと、待ってください。結婚して、ますます仕事が順調に発展したってことですか？　それは、ちょっと信じられないなぁ。結婚って、仕事の手かせ足かせになることばかりでしょ」

「そんなことないわ。**結婚は絶対に仕事にプラスになります！**」

## ◇夫婦愛の喜びを得る結婚！

桃美さんのご主人は40代。桃美さんは30代。桃美さんは、一回り上の男性と結婚した年の差婚である。もしかすると、それが、理想の結婚ができた原因なのかもしれないとボクは思いはじめた。年上のご主人がきっと我慢しているのに違いない。

そこで、ボクは意地悪な質問をしてみた。

「桃美さんのご主人のほうがかなり我慢してるんじゃないんですか？　だって、桃美さんが地方へ仕事に行くときは、子どもの面倒をご主人がみてるんでしょ。聞くところによると、桃美さんは女のくせに、洗濯は結婚してから一度もやったことがないそうじゃないですか？　全部、ご主人にやってもらってるんでしょ？」

「いま、女のくせにって言いました？　それ、セクハラ発言ですよ。ピーピピピッ！」

桃美さんは指を唇にあてて警笛を鳴らすアクションをした。

「だから、ボクが言いたいのは、年上のご主人だから、桃美さんのワガママを我慢してるだけじゃないかって言ってるんですよ」

「まぁ！　うちの主人だけが我慢していて、私はワガママ放題やっているとおっしゃりたいのですね」

「ご主人の書いた記事に桃美さんのことが書いてありましたよ。ご主人が家に帰ってみると、床にトマトがべっちょりとなってて、息子さんの保育園の新品のリュックがトマトまみれになってたとか、冷蔵庫のなかに醤油が5本も入ってて、さらに新しく買ってきたとか、あれって、ヨメさん失格なんじゃないですか？」

「うちの主人がちゃんと片づけてくれるし、週に何回か、家政婦さんに来てもらってますから、わが家はいつも綺麗な状態ですよ」

「だから、そういうところを、ご主人が我慢しているんじゃないかと言いたいんですよ」

「高橋さん！　あなた、やっぱり決めつけてものを言ってませんか？　先入観と思い込みの塊のようですね。そういうのを、一度、全部手放してから言ってください。わが家は、何でも言い合う夫婦なんです。高橋さんには想像もできないかもしれませんが、過去のことも、現在のことも、未来のことも、仕事のことも、プライベートのことも、考えていることも、感じたことも、全部、二人の間で吐き出してるんですよ」

「まさか！」

「何でも話してますよ」

「セックスのことも？」

「もちろんです。大事なことですからね。二人で話す時間を毎日持つようにしていますし、自然とおしゃべりしています。夕食に長く時間をかけたり、子どもを早く寝かしつけて夫婦二人だけの時間を毎日持ってますよ」

「そんなこと、できるんですか？」

「できますよ。何でできないんですか？」

「過去の恥ずかしいことを相手に話すと、軽蔑されるんじゃないかと思ったり、相手に対して思ってることをストレートに話すと傷つけるんじゃないかと思ったりして、うまく話せないですよ」

「それは、二つの問題があります。その問題をクリアすれば、ベストパートナーはすぐに見つかりますし、素敵な夫婦愛が築けますよ」

「二つの問題って、何ですか？」

「一つは、**オープンマインド**です。心を開いて、自分のことを何でも相手に話せる人になることです。これは、自分に自信がないとできないことかもしれませんけど、気になる相手がいたら、自分の恥ずかしい過去のことも、どんどん話してみるといいんですよ。それで、相手が引いたら、サッサと別れちゃえばいいわけだし、ちゃんと受け入れてくれる人だったらベストパートナーになれます。キャリア女子たちにも、言いたいですね。恥ずかしがったり、自分を飾らずにオープンマインドな人間になってほしいって……」

「二つ目は何ですか？」

「**カップル間の信頼**です。どんなことを言っても、この人は、私を離さない。自分も相手からどんなことを言われても、この人を私は離さない。そう決めることです。そして、相手を信じることです。とことん、相手を信じると、素敵な愛が生まれてきますよ。それは、たまには腹が立ったり、ムカッとすることも言われます。こちらも言い返して喧嘩になることもあるんですけど、話し合って解決するんです。それじゃ、やることを書き出して分担してみようとか、お互いの意見や思いを感情的にならずに論理的に話してみようとか、こういうルールを決めようとか、こんなふうにしようとか、お互いの妥協点がわかるんです。解決策を二人で見つけていくと、そのあとは、結局、以前よりもラブラブになるんです」

「そんな絵に描いたような夫婦がどこにいるんですか？」

「ここにいますよ。私たちは、結婚することで夫婦愛の喜びを得てしまったんですね。一人じゃないって素敵なことですよ！」

桃美さんは夢見るように目を細める。

「くぅぅぅっ！　何か、メチャクチャ悔しいんですけど！」

「実は、結婚当初は大変だったんです。うちの主人は会社の経営者ですし、ビジネスの世界は浮き沈みがあります。初めて出会ったときは、お金持ちで、本当にバブリー社長そのものでした。私のビジネスの立ち上げの支援をしてくれました。でも、結婚したとき、主人のビジネスは最悪に落ち込んだんです」

「え？　そうだったんですか？」

「そうですよ。新婚生活なんて綺麗なものではなかったですから。雨漏りするような

ボロボロアパートだったんですから」

「マジですか？　お金持ちだと思って結婚したのに、急にビジネスが傾いてしまって、貧乏になったたってことですか。それって、詐欺じゃないですか」

「結婚を決めたときは、彼がもう手持ちのお金もないときでした。でも、詐欺とは思わなかったですけど……。この人なら、絶対に復活するって私は主人を信じていました。ここは、妻として支えなきゃって思ったんです。主人のビジネスは、しばらくしてV字回復していきました。たぶん、私が信じ切ったことも力になっていたと思うんですよね。女房が不平不満をタラタラと主人にぶつけていたら、きっとこうも早く立ち直らなかったと思います」

「なるほど、新婚当初、夫婦愛が試されるようなことがあったんですね。それを乗り越えて今があるというわけですね。でも、そんなこと、凡人にはできませんよ！」

## ◇子育ての喜びを得る結婚！

ボクもスパークリングワインを飲むことにした。こうなったら飲むしかない。桃美さんの勢いに負けないためにも、酒の力を借りて対抗してやる！

「いまの時代、結婚することも大変ですけど、子どもを育てることも大変じゃないですか？　学費だけでも、幼稚園から大学までオール公立なら約1000万円。オール私立なら約2500万円もかかるんですよ。学費だけじゃないですよ。養育費だって、物凄くかかるんです。子どものために、欲しいものを親が我慢しなきゃいけないし、時間的な自由もなくなるし、いいことなんか何もないですよね」

「何をバカなこと言ってるんですか。**子育てって、いいことだらけですよ**」

「バカ？　ボクがバカですか？」ボクは怒りのスイッチが入ってしまった。軽い酔いを感じながらまくし立てる。

「マタニティブルーというのがあるでしょ。女性たちは、出産の疲れや慣れない育児による疲れで、もうクタクタなんですよ。育児に対するプレッシャーもありますよ。痛い思いをして産んだわが子なんですけど、ちっとも可愛いと思えない女性もいっぱいいるそうです。そんなとき、自分の思いを率直に誰かに話すと、『何言ってるのよ。可愛い子どもじゃないの』と周囲はみんな言う。何もかも子ども中心に回るなか、自分一人が孤独を感じている。急激なホルモンの変化に体がついていけず、情緒不安定になるわけです。そんな話を聞くと、結婚も出産も嫌だなぁってキャリア女子たちは思うんじゃないでしょうか？」

鋭い口調でボクは言った。

「大変だから、やめるんですか？　あきらめるのですか？　そもそも日本人の意識の問題なんですよ。何が何でも子どもが生まれたら子ども中心に考えなきゃいけないという意識を変えればいいだけのことですよ」

「どう変えればいいんですか？」

「結論から言うと、大人中心に考えることです。もちろん、大人が遊ぶために、子どもを車のなかに放置したり、鎖につないだりという虐待はダメですけど、ベビーシッターを雇ったり、祖父母に依頼したり、近所のママ友に頼んだりするのはアリだと思うんです。パパとママが遊びにいくためにベビーシッターを雇うとか、よそへ預けるということを、日本人はもっと積極的に取り入れるべきです。子どもだって、パパとママが自分のために我慢している姿を見たくないし、大人たちには輝いていてほしいですよ。**日本人は『こうでなければならない』という固定観念にしばられすぎなんです**」

「でも、日本の世間が子ども中心になっているんだから、しょうがないでしょ」

「大人中心の子育てをする人は、日本ではまだまだ少人数かもしれませんが、世間の目を気にすることなんかないと思うんです。そもそも世間が間違ってるんですから」

「世間が間違ってると？」

「母親が家にいて、子どもを面倒みなきゃいけないというプレッシャーを与える世間は間違っています。子どもは家庭外で育てたっていいんです。むしろ、積極的に子どもが家庭外で過ごす時間を持つべきでしょう。子どもに集団生活をさせると、コミュニケーション力を鍛えることができます。極端な甘えん坊にならないし、良いことと悪いことの区別が早く身につきますし、自分で責任を取ることの大切さを知りますし、集団生活の忍耐力が身につきますよね」

「大人中心に子育てしたほうがいいということですね。でも、何となく詭弁のような気がするんだよなぁ」

「詭弁だという根拠を言ってみてくださいよ！」

「別に根拠はないですけど……」

ボクは悔やしまぎれに、スパークリングワインをあおった。

「うちの子は、2歳なんですけど、可愛いですよ。仕事で疲れて帰ってくると、うちの子が両手を広げて駆け寄ってくるんですね。そのとき、何とも言えない幸福感を持ちます。この喜びは結婚しなきゃ得られないことじゃないでしょうか？」

「子どもが幸せを持ってくるというのは、よくわかります。ボクもシングルファザーとして娘を育てましたからね。娘の寝顔を見るだけで幸福感に満たされましたよ。でも、キャリア女子が結婚して、子育てするとなると、お金の問題があるでしょ。仕事を辞めなきゃいけないし、そうなると収入も減るわけですから」

「なぜ仕事を辞めなきゃいけないいんですか？」

「仕事を続けながら子育てするのは、至難のワザでしょ。凡人にはできませんよ」

「やろうと思えばやれます。私は、出産後すぐに仕事に復帰しました。以前は文京区に住んでいたので、1年以上、待機児童問題を痛感しました。完全に仕事のやり方を変え、シッターさんに預けて仕事に行ったり、ときにはホテルで待機してもらったりしました。地方で仕事が続いたときは、できるだけ子どもを同行させて託児所にあずけたり、むずかしいときは自宅に戻れるように新幹線や飛行機を使うようにしましたから、出費は当然かさみました。

行政に文句を言ったところで、結局解決できるわけでもないのが日本の現状です。はじめから当てにしていませんし、自分でなんとかしないとどうにもならないんです。自分は凡人だからといって、そこであきらめちゃいけません。企業や行政が整備している子育て支援の制度も使えるものは100%活用することですよ。都内からよその県に引っ越したのは、この地域が子育て支援の制度が充実していたからなんですよ。実は、そのおかげでこの地域には、子育て夫婦がどんどん引っ越してきているんです」

「企業には育児休暇とかあるけど、実際にはなかなか休暇を取りづらいんじゃないですか？　休暇を終えて会社に帰ってくるとき、同じ席はなくなっていたりしますよね。企業にしても、厳しい時代ですから、子育て支援をするほどの余裕はないでしょ！」

「それは、確かに高橋さんの言う通りなんですよ。私たちは、たまたまファミリー・ビジネスですから、二人とも自営業者なんですよね。だから、時間は自由になります。休日も自由に決められますから、子育てのストレスもゼロに等しいですよね」

「そこですよ。そこ！　普通のキャリア女子たちに、桃美さん夫婦みたいなファミリー・ビジネスができるでしょうか？　たぶん、無理だと思いますよ」

「ほら、また、高橋さんの悪い癖が出てきましたね。**無理だって、何で決めつけるん**

**ですか？　やってみなきゃはじまらないでしょう。**勤め先が見つからないんだったら今の時代、パソコン一つあればビジネスを立ち上げることもできるんですよ。そんな時代が、いまそこに来ているのに、何もせず、いままで通り、給料しか収入がないという生き方しかできないというのは、ホントに残念なことじゃないでしょうか？　高橋さんだって、会社の経営者でしょう？　最初はフリーライターとして個人事業主だったわけじゃないですか」

「株式会社を作らなくても個人事業主でやっていけば、誰でもビジネスを始めることができる時代だということはわかりますけど、それで成功するのは特別な人だけじゃないですか？　普通の人は無理ですよ」

「高橋さんの言う普通の人ってどんな人ですか？」

「ごく普通の善良な市民ですよ。真面目に働いて、真面目に生活している人たちです」

「その、ごく普通の人間が普通に結婚して、普通に出産できない世の中になったわけでしょう。だからといって、世間を恨んだり、政府を攻撃したってしょうがないじゃないですか。

たしかに、政府にはちゃんと子育て支援を充実させてほしいですよ。できれば、お母さん年金を導入してほしいですよね。子どもが生まれると、無条件で年金が支給されるとか、家政婦さんやベビーシッターや保育園などのサポート体制をしっかりと整備してほしいし、無料の託児施設なども作ってほしいですよ。

でも、現状として、そうした子育て支援が日本にはまだまだ不十分なんですから、それを恨んでもしょうがないんです。自分のことは、自分で切り拓いていくしかないんじゃないですか？」

「だから、いまの時代は、結婚できないし、子どもも産めないんですよ！」

「それが、あきらめですよ。政府が悪い、世間が悪いと嘆いている暇があったら、自分で切り拓く努力をするべきじゃないですか？　**一人だとできないかもしれないけど、結婚して夫婦二人で力を合わせれば、きっとできます。**ファミリー・ビジネスって楽しいですよ」

「つまり、子育てをする自由な時間を手に入れるためにも、ファミリー・ビジネスを立ち上げろと言うわけですか？」

「いいですか？　仕事の経験のある男と女が力を合わせるんですよ。そうすればビジネスをなにも立ち上げなくても普通に働いても、ちゃんと稼げるようになりますよ。

私の友人には、キャリア女子から一転、結婚して出産、仕事の働き方を変え、主婦でありながら月収100万円を稼いで子育てをしてきた人や、休職中に副業でアフィリエイトやFXをしている人もいます。さらに某有名企業に勤めている女性は、産休中に不動産投資を勉強、復職後には大手企業の名前の強みを生かして不動産で副収入を得ています。ネットのある今の時代は頭を使えば稼げるんです。

キャリア女子のなかには結婚や出産が『出世』から脱落するリスクファクターだと考えている人が多いと思うんです。たしかに、子どもができると仕事の量や行動範囲が限られてくるし、独身時代とは生活が変わります。私は第一子ができたとき、大きな仕事がバンバン入るのに、出産でできなかったこともあったし、大きな案件を取り逃がして悔しい！　なんて思いもありましたし、以前のように表舞台で活躍していない自分に、どうなんだろう？　と自問自答しました。しかし、私は仕事も結婚もあきらめたくなかった」

「普通の人はあきらめるでしょ」

「でも、実際に子どもが生まれてきてわかったんです。あっ、この時間って一瞬だけなのかもしれない。**仕事は私の人生のすべてではない**し、こんなに可愛い子どもにたくさん時間をかけてあげられるのも本当に十何年かのこと、子どもは私の分身、私の人生に彩りとたくさんの経験をさせてくれる宝物なのだと知ったんです」

「子どもが宝だというのは、わかるんですけどねぇ……」

「排卵日に合わせて計画的に作ったんですよ。子どもは3人は欲しいのでがんばりますよ」

「桃美さんって、やっぱりスーパーウーマンですよね」

「社会の経験があり、多くの人と仕事を通してコミュニケーションをとってきたキャリア女子だからこそ、『結婚』『出産』『育児』を大きな視点で考えられると思うんです。でも、決して私はスーパーウーマンではありません。仕事の大好きな普通のキャリア女子です。独身時代から視点を広げて仕事以外でも趣味の勉強会やビジネスの世界でいろんな人に出会って、いろんな価値観を知ってきました」

「なるほどね」

ボクはスパークリングワインを飲み干し、おかわりをついだ。

## ◇セックスの喜びを得る結婚！

「結婚してもね。多くの夫婦はセックスレスの問題を抱えていますよ。ボクの知り合いのAさんは、結婚して25年目ですけど、二人目の子どもが生まれてから17年間、ずっとセックスレスだって言ってましたよ。Bさんは、一人息子が生まれて4年間というもの、1度もセックスさせてもらっていないと言います。奥さんがセックスを拒絶するんです。男としては、ツライですよ。家族のために一生懸命に働いて、ガミガミ言う上司の叱責に耐え、ワガママなお得意先のご機嫌を取って、ストレスまみれになりながら仕事しているのに、お小遣いはわずかしかもらえず、夜の楽しみもおあずけになるなんて、やってられませんよ。結婚なんて、絶対にしないほうがいいんです」

「そんなことないですよ。結婚すればセックスがタダでできるんですよ」

「それができないって言ってるんですよ。約5割近い奥様たちが、子どもを産んだあとは、セックスレスになったと答えています。夫の指が髪に触れるだけで虫唾が走ると言う人もいます。そんなふうに思われながら結婚生活を送るのは、苦痛を通り越して地獄ですよ。そんな結婚は絶対に嫌だし、キャリア女子たちにも男たちにもススメたくないですね」

「またまた、高橋さんの悪い癖が出ましたね。どうして、そうネガティブなことばかり考えてしまうんですか？　セックスレスの夫婦が5割いるということは、逆に幸せなセックスをしている夫婦が残りの5割もいるってことでしょ。努力して、セックスする夫婦になればいいだけのことじゃないですか」

「努力してもなれなかったらどうするんですか？」

「**やってもいないうちから、決めつけるのはよくない**ですよ。私が、どうすればセックス大好き夫婦になれるかを教えますよ。最近では、50代、60代向けの健康雑誌でセックス特集をすると売り上げが急増したそうじゃないですか。老人たちもセックスを楽しむ時代になってるんですよ。高橋さんも、あきらめずに、そういうパートナーを見つけたらどうですか？」

「桃美さんは子どもが生まれてマタニティブルーとかなかったんですか？　それが、きっかけでセックスレスになる人が多いと言いますからね」

マタニティブルーというのは、産後まもなく情緒不安定になることを指す。待望の赤ちゃんが生まれて嬉しいはずなのに、突然悲しい気持ちになったり、赤ちゃんのことを可愛いと思えなかったりする。そんな感情を、周囲に漏らすと「あなた、何言ってるの。こんな可愛い赤ちゃんが生まれて嬉しいと思わないの？」と返ってくるので、誰にも告白できず、悶々と一人で悩むのだ。

夫にさえ相談できなくなる。夫は可愛い、可愛いと赤ちゃんを抱っこして可愛がるだけで、女房がそんな気持ちにとらわれていることには気づかない。その感情のズレが広がってセックスレスになってしまうこともあるという。

「うちは、マタニティピンクですよ」

「ピンク？　それって、セックスするってことですか？」

ボクは酔いにまかせて、ストレートに訊ねてみた。

「週に2、3回のペースでしていますよ。私、出産してからのほうが敏感になって、よけいに燃えるようになったみたいなんです」

桃美さんも酔っているのか、率直に答えてくれた。

桃美夫婦はセックスレスじゃないみたいだ。いったい、この夫婦はどうなっているんだ？　どうやったら、こんな夫婦が出来上がるのだろうか？　桃美夫婦の作り方を教えてほしいものだ。

桃美さんは、飲めば飲むほど、オープンマインドになる。聞けば何でも答えてくれる。結婚する前はセレブ婚を目指していて200回近くもデートしたとか、合コンやお見合いは100回、とにかく30歳までに結婚するという目標を設定してそれを達成したのだという。

「断ったり、断られたり、**とにかく目標を達成するまで、チャレンジ！　チャレンジですよ**」

## ◇すべての喜びを得る結婚！

「もしかして、高橋さんって、離婚したときの痛手が忘れられなくて、結婚できないんじゃないですか？」

「そりゃ、そうですよ。怖いですよ。結婚したら、また、あんなツライ思いをするのかと思うとゾッとしますもん。ホントにツラかった……」

ボクは泣き声になっていた。

「高橋さんは、ある意味、被害者なわけですよね。元奥様は、コミュニケーション障害があったわけでしょ。精神的に病むとまではいかないまでも、一歩手前の状態だったんですよね。高橋さんは、その被害を受けたわけですよね。元奥様のその障害の原因は何だったんですか？」

「小さいころから父親と喧嘩ばっかりしていたそうです。父親が傲慢で不愛想でお母さんを奴隷のようにこき使うような人だったみたいで、その父親とボクの元妻が冷たい戦争を毎日していたみたいです。そういう生活が耐えられなくなって、元妻は広島の実家から家出してボクのところへ来たんです」

「そうだったんですか。いまでも、被害者意識が高橋さんのなかにありますか？」

「考えたこともないですけど、もしかしたら、あるかもしれませんね」

「昔の恋愛で、高橋さんのような被害者意識があると、新しい恋ができなくなるケースがあるんですね。この被害者意識は、恋愛だけじゃなくて、ビジネスでのコミュニケーションにも悪影響を及ぼすことがありますから、気をつけたほうがいいですよ。キャリア女子たちのなかにも、昔、恋人にヒドイ仕打ちを受けて、心に傷を負った人たちがいっぱいいるんですよね」

桃美さんは、自分の知人のキャリア女子の話をしてくれた。つき合い始めたとたんに、優しかった男がDV男に豹変したとか、言葉の暴力を毎日のように投げてくる男など、キャリア女子たちの被害事件はいたるところで起きている。ニュースにならないだけだった。

じつは桃美さんも、結婚する前にヒドイ被害を受けていた。被害者意識はボクの比ではない。恥ずかしい思いもし、悲しいことも男から受けていたのだ。しかし、このときのボクは桃美さんがそんな経験を乗り越えて結婚したことなど、知る由もなかった。

「この被害者意識は、どうすれば克服できるんですか？」

ボクは身を乗り出して訊ねた。

「まずは、自分にはそういう心の傷があることを認めることです。認めたうえで、被害者意識を手放せばいいんです。被害者意識というのは、誰かのせいにしている心理ですから、健全な人間関係は築けません」

「でも、どうすれば手放せるんですか？」

「手放すためには、三つのステップを実践する必要があります。

一つは、**自分のなかにある被害者意識を認める**ことです。『あぁ……いま、私はとても辛いし、すごく苦しい』という感情も認めるんです。そして、どっぷり落ち込んで悲しい感情にひたってしまうことです。気持ちを押し殺さないこと。

二つ目のステップは、**感情コントロールを身につける**ことです。これは視点の転換をすれば簡単です。いまの私は『自分はなにをやっても絶対に失敗しない』と決めています。それは、自分が思ったように恋愛や物事が進まなくても、その経験や出来事は、結局のちの成功や良い結果へのための試練なんだと理解しているからです。

高橋さんの人生の主人公は高橋さんですよね。高橋さんに被害をもたらした人はその人生劇場での悪役になります。でも、悪役がいるからこそ、彩りを添えてストーリーが面白くなるわけです。あとで振り返ったときには、痛い経験や失敗したことも、『あ、これ、ネタにできる！』なんてことがありませんか？

私の尊敬している友人の経営者は、人生のなかで家族のことや事業等、いろいろな修羅場をくぐっていますが、彼がこんなことを言っていました。

『失敗は失敗のままで終わればそれは失敗になります。しかし、失敗を肥やしに攻めに転じて結果を出せば、それは、失敗ではないのです。ですから、本当のことを言うと、失敗という概念は存在しなくて、心のトレーニングがあるだけなんです』

失敗は存在しない。そう考えると気持ちが楽になりませんか？」

「なるほど」

「すべてはうまくいくと思えば、自然と感情をコントロールすることができるんです。それができるようになれば、被害者意識は消えていきます」

「では、ステップ3は何ですか？」

「ステップ3は、**恋愛トレーニング**です。被害者意識が消えているかどうかを、新しい恋をして、試してみればいい。相手との関係性のなかでチェックするんです」

そういって、桃美さんは、次の五つのチェック項目を教えてくれた。

**①自分中心に考えていないかどうか？**

**②責められることを恐れていないか？**

**③わかってくれない相手が悪いと思っていないか？**

④自分の気持ちをわかってくれる人だけを味方にしていないか？
⑤相手を理解しようと努力しているかどうか？

「このトレーニングは一人ではできません。相手が必要です。コミュニケーション障害とか、精神障害とか、高橋さんのような被害者意識など、すべてをスッキリと治してから新しい恋をするのがいちばんいいんでしょうけど、ベストパートナーを見つけて、結婚してから、少しずつ治していくという方法もアリだと思いますけど、どうですか？」

「また、結婚ですか……」

「結婚こそが、そうしたことを克服するチャンスだと思いませんか？　私の知り合いの男性は、内気で自信なさげで、虚弱体質の青白い人だったんですよ。でも、結婚して奥さんが栄養のあるものを食べさせながら、仕事の面でも誉めて励ましていたそうなんですよ。そうしたら、性格も変わって堂々と話すようになり、体もたくましくなったといいます」

「何度も言いますけどね。結婚だけが幸せじゃないんですよ。一人で得られる喜びだってたくさんありますよ」

「どんな喜びがあるんですか？」

「働く喜びとか、社会貢献する喜びとか、自由に遊べる喜びとか、いっぱいあるじゃないですか」

「結婚で得られる喜びに比べたら、そんな喜びなんて、太陽が昇る前の星のようなものですよ」

「たしかに、桃美さん夫婦は、理想の結婚ですよ。仕事もお金も、子どもも、セックスも、夫婦愛も、すべて手に入れていますよ。でも、どうやったら、ボクみたいな失敗した人間やキャリア女子たちが、桃美さん夫婦みたいになれるんですか？　誰でもなれる、なんて詭弁だと思う！　なれるわけないじゃないですか！」

「なれますよ。私たちだって、特別な人間じゃないですから。**誰だって、ベストパートナーを見つけて、素敵な結婚ができます！**」

桃美さんは、スパークリングワインを5杯ほど飲んでいた。しかし、しっかりとした足取りで帰って行った。「具体的な方法は、また今度、教えてさしあげます」という言葉を残して……。

ボクは2杯ほどで完全にノックダウンだった。桃美さんをエレベーターまで見送る気力のないまま、ソファに移動して寝転がった。

朦朧とした意識のなかで「結婚か」と思った。

# 2 なぜ婚期が遅くなるのか？

## ◇結婚する理由が見つからない！

２週間後に桃美さんと新宿の名曲喫茶「らんぶる」で書籍の打ち合わせをすることになった。店に入り地下に降りると、２００席ほどの広いスペースにゆったりとしたクラシックが流れていた。打ち合わせはわずか20分ほどで終わり、その後は、キャリア女子が結婚できない時代なんだという話で盛り上がった。

桃美さんはエスプレッソをダブルで飲んでいる。そうとう胃の強い人なんだろうなぁ。

ボクは胃が弱いのでコーヒーが飲めない。だから、いつも、喫茶店に入ると紅茶を飲む。ボクは紅茶のポットから最後の紅茶をカップにそそいだ。

桃美さんはコーヒーのお代わりを注文した。

「ついでにピザトーストもお願いします」

ワイシャツに黒い蝶ネクタイの店員が「かしこまりました」と恭しく一礼して去っていく。

「キャリア女子たちには、今の時代、**結婚を妨げる六つの敵**がいるんですよ」

ボクはキャリア女子たちの結婚事情について少し調べてきたのだ。関連書籍を10冊ほど読んだし、数人のキャリア女子たちから直接話を聞いた。

「へぇ〜、どんな敵ですか?」

「まずは、**テレビドラマや映画**が敵なんです」

「どういうことですか?」

「幸せな結婚モデルがないんですよ。テレビドラマを観ても、映画を観ても、幸せな結婚がないんですよ。最近じゃディズニー映画だって、お姫様と王子さまが結婚するというハッピーエンドじゃなくなっているじゃないですか。2013年にアカデミー長編アニメ映画賞を受賞した『アナと雪の女王』も、王子様は出てくるけど、その王子様とは最終的に結婚しません。アンジェリーナ・ジョリーが主演した『マレフィセント』も『眠れる森の美女』がベースになっている映画なのに、王女は王子様のキスでは目が覚めずに、マレフィセントのキスで覚めるわけでしょ。そんな映画を観ていたら、結婚する気持ちが生まれてきませんよ」

「人の生き方が多様化しているから、そのニーズに応えるための映画が作られるんでしょうね」

「テレビドラマでも、幸せな結婚生活を送っている夫婦が出てきません。夫も奥さんも、両方が浮気していたり、奥さんが夫を殺害したり、ＤＶ夫に苦しむ奥さんだったり、そんなドロドロとしたドラマばっかりですよ」

「ドラマの影響だってことですね」

「昔のテレビドラマは、貧しくても夫婦が協力してたくましく生きていく姿が映し出されていました。家族が一緒に食事をして、肝っ玉母さんが真ん中にどで～んと存在感を示していたんです。そんなドラマを観て育ったボクたちの世代は、結婚して家庭を築くことに憧れたものですよ」

「高橋さんの理屈は、キャリア女子たちが結婚できないのは、テレビドラマや映画が悪いということですね」

「テレビドラマや映画が世の中の空気を作るじゃないですか。その空気のなかで私たちは生きていますから、知らないうちに、洗脳されているんですよ。結婚したらドロドロの生活になるということが刷り込まれていくんですね。そうなると、結婚したいとか、家庭を築きたいとか、子どもが欲しいという欲求が生まれないんですよ。欲求のないところに、結婚する理由は見つかりませんからね！」

ボクは少しヒートアップしてきた。

## ◇仕事中心で恋愛は二の次になっている！

二つ目の敵は「**仕事**」だ。

キャリア女子たちにとって、「仕事」は大きな障害となって立ちはだかる。ボクが取材したキャリア女子のなかに、仕事に精神力も体力も奪われてしまって、結婚なんて考えられないという人がいた。仮にA子さんとする。

A子さんは、実家暮らしだ。掃除、洗濯、食事は母親がやってくれるという。その代わり、月々5万円を家に入れている。

「結婚しない理由はいっぱい見つかるけど、結婚する理由は一つも見つからない」

とA子さんは言う。A子さんは39歳。あと1カ月で40になる。恋愛経験は豊富だが、現在は彼氏はいない。これから、彼氏を見つけて、結婚して、出産するとなると、高齢出産ということになる。

結婚しない理由を訊ねるとA子さんはこう答えた。

「一人で生きていけるだけの経済力はあるし、いまの生活で十分満足。男とつき合うのも面倒だし、ましてや結婚して一緒に暮らすなんてことになったら、面倒臭いことだらけでしょ。想像しただけでウンザリしますよ。縛られるのは絶対に嫌だし、時間もお金も独身のほうが自由に使えるじゃないですか。そもそも、私は結婚生活に向いてないんだと思うし、結婚したいと思ったこともないです」

「老後とか、心配じゃないですか?」

「全然心配していないですよ。お金ならありますし、家だって、実家に入れば大丈夫でしょ。何の心配もしていませんよ」

「でも、本当に結婚したいと思わないんですか? 子どもは欲しくないんですか?」

「子どもを産んでみたい気持ちもありますけど、面倒臭いですよ」

「仕事に精力を全部奪われているって感じですか？」

「ああ、それもあるかもしれませんね。何もかも、面倒臭くなってますね。別に仕事が好きで、仕事に生きがいを感じているわけじゃないんだけど、面倒臭いことは、仕事だけで十分って思います。恋愛も適当にやってきましたけど、面倒なことを言う男は、こっちから断ってます」

A子さんの場合は、実家暮らしなので、家事は全部、母親がやってくれている。結婚すると、それを自分がやらなければいけなくなる。それを想像すると、結婚なんて面倒だなと思うのだという。

では、一人暮らしのキャリア女子はどう思っているのか？

もう一人、41歳独身のB子さんに話を聞いた。B子さんは、アメリカの大学を卒業し、アメリカの企業に就職した。そのとき、ドイツ人の彼と同棲していたのだが、喧嘩別れして、日本に帰国した。日本では外資系企業に就職していて、現在に至る。成績は優秀だし英語も話せる。年収は1000万円前後。現在、恋人募集中だという。

「結婚は積極的にしようとは思わないけど、いい人がいたら、するかもしれないですね。でも、仕事が忙しくて、なかなか出会いがないですよね」

とB子さんは言う。

「給料が高い分、仕事量も多いんでしょうね」

「ストレスもありますね」

「一人暮らしですよね。老後が不安になりませんか？　孤独死するんじゃないかとか……」

「孤独死の何が悪いんでしょうか？　誰にも迷惑をかけずに、ひっそりと死んだらいいじゃないですか。孤独死サイコーですよ！」

「本当にそう思ってますか？」

「本当に思ってますよ」

B子さんはそう言ってニッコリと笑った。本心のようだ。

A子さんにしても、B子さんにしても、仕事が生活の中心になっている。それゆえ、結婚は二の次なのだ。

## ◇キャリア女子たちに結婚をあきらめさせる敵がいる！

三つ目の敵は、**周囲のキャリア女子**だ。なぜ、周囲のキャリア女子が敵になるかを説明しよう。

女子会の話題といえば、恋バナだ。片思いの相談とか、彼氏の悪口とか、男の選び方など。とにかく、男に関する愚痴を言い合うのが盛り上がる。

仕事の愚痴も出てくるが、たいがいは、職場にいる男たちのタイプを言い合って盛り上がるのだ。

しかし、結婚となると話は別だ。20代の女子会はまだいいのだが、30代後半から40代の女子会では、結婚の話題はあえて避ける傾向がある。

「40過ぎて独身の女に結婚の話をすると、空気が重くなるでしょ。あなたは、いつ結婚するの？　というプレッシャーがかかったりすると、嫌な空気が流れますよね。だから、私は、結婚の話が出ると、結婚なんか、どこがいいの？　したいとも思わない、と答えています」

と、44歳のキャリア女子が答えてくれた。

40を過ぎると謙虚さもなくなる人がいる。自分は自分のまま、ありのままでいいんだと開き直ってしまっているのだ。だから、自分には悪いところがあることは、ウスウスわかっているのに、決して改善しようとはしない。自分の非を認めることさえしなくなる。いうなれば、性格がひねくれていくのだ。しかも、そのことの自覚がまったくない。

ひねくれた性格は、やっかいだ。本当は結婚したくてしょうがないのに、「結婚なんてしなくてもいいの。幸せに生きていけるから大丈夫」と心にもないことを言う。

つまり、キャリア女子のなかには、ほんの少数だが、ひねくれた性格の人間がいるということだ。本当は結婚したいと思っているのに、同僚のキャリア女子たちに結婚のことをネガティブに言う連中だ。結婚なんかしなくても幸せになれるし、結婚しなくてもこんなに輝いているわ、と自己アピールする。そして、年下のキャリア女子たちに結婚をあきらめさせる。

ひねくれキャリア女子は、本心では結婚したがっている。だから、お見合いで相手が見つかったら、サッサと結婚してしまうのだ。散々、「結婚なんかしなくてもいい」

と周囲に言っておきながら、影では婚活にしのぎを削り、自分だけサッサと結婚するという連中である。これこそ、キャリア女子の敵と言わずして、何であろうか。

さらに、キャリア女子に結婚をあきらめさせる四つ目の敵がいる。それは、**既婚男性**だ。

既婚男性がキャリア女子を飲みに誘う目的はただ一つ。肉体関係である。既婚男性の約20％が浮気をしているという調査結果がある。5人に1人は浮気をしているのだ。

そして、既婚男性は、結婚願望の強いキャリア女子を狙う。「妻とは別れるから」と言って誘うのだ。既婚男性は女性経験もあるわけだし、仕事もできて、頼りがいがある。安定感もにじみ出ていて、若い独身男よりも魅力的に見える。

だが、既婚男性は、妻とは絶対に別れない。

不倫が明るみになり、ドロドロの関係になる。いちばん痛い思いをするのは、キャリア女子のほうだ。悲しい経験をしたキャリア女子は、貴重な時間を既婚者に費やしてしまい、次の恋をすることさえ困難になっていく。

とんでもない男たちだ。まさに、キャリア女子の敵だ！

## ◇キャリア女子が結婚できる環境がない！

五つ目の敵は、**政府**だ。日本の政治はキャリア女子が結婚しやすい環境を作っていない。はっきり言って政府はバカだ。キャリア女子たちが結婚できないのは政府が悪い。

何が悪いって、日本人をここまで貧乏にしてしまったことだ。今や日本のＧＤＰはアメリカの約４分の１だし、中国の半分以下。それでも世界3位の経済大国だというが、１人あたりだと世界27位という貧しさなのだ。

生活保護費以下の収入で生活している貧困家庭も急増している。総務省の「就業構造基本調査」によると、生活保護費以下の収入しかなくて、なおかつ17歳以下の子どもがいる世帯数が92年には約70万世帯だったのが、２０１２年には約１４６万世帯になっている。子どもと同居世帯のうち、約20％が年収３００万円以下。そこには片親世帯の60％以上が含まれている。

日本人が金持ちだというのは過去の幻想だ。日本人をここまで貧乏にした責任は誰が取るのか？

こんな社会で、結婚しろと言われても無理に決まっている。できるわけがない。悪いのは、こんな時代を作った為政者だ。

厚生労働省の統計によると、１９８０年の専業主婦世帯は１１１４万世帯だった。共働き世帯は６１４万世帯。しかし、２０１５年にはこれが逆転している。専業主婦世帯は６８７万世帯。共働き世帯は１１１４万世帯。

これは、経済成長が鈍化して、旦那の給料が伸びなくなったからだ。旦那の給料だけでは生活できないからしかたなしに妻が働いている。つまり、政府の経済政策の失敗が生んでいる状況なのだ。

男の働き方は昔も今もまったく変わっていない。フルタイムで働き、残業もある。長時間労働も当たり前だ。そんななかで、家事を手伝う男がどれほどいるだろうか。

女性の社会進出は進んだ。女性がなりたい職業に就いて夢を実現できる素晴らしい時代になった。しかし、仕事の内容は男と同じ重労働だ。

こんな状況で結婚しても、うまくいくわけがない。

20代女性たちの「専業主婦」願望は高い。ユーキャンのアンケート調査で58％という数字が出ている。

「とにかく、早く結婚したい。年齢は一回りくらい上でもいいから、年収1000万円以上の男をつかまえて、専業主婦になりたいんです。仕事を続けるにしても、夫の収入が十分にあって、趣味程度にやりたい」

そこには、いまの仕事を続けるのがツライから結婚したいという消極的な理由が見え隠れしている。

とにかく、仕事が大変なのだ。長時間労働を強いられている現状で、共働き夫婦が家事を分担するというのも無理がある。こんな日本にいったい誰がしたのか？

プール付きの家とまではいわない。3LDKくらいのマンションでいい。いまよりものんびりと働いて、それでいて、結婚して、子どもを育てて、楽に暮らせるような政治がなぜできないのか？　働く環境を一刻も早く改善してほしい。

「政府が悪いんですよ。無能な連中が日本をダメにしているんです！」

ボクはまくし立てた。

「結婚できるような環境じゃない、というのはよくわかりました。だから、結婚しなくてもいいと高橋さんは考えているわけですね？」

桃美さんはピザトーストを食べ終えて、ナプキンで口をふいた。そして、コーヒーカップを口に運び、ボクを見つめてニヤリと笑う。

「そ、そ、そういうわけじゃないですよ」

ボクはシドロモドロに答えた。

## ◇決して、決して、あきらめないで！

「じゃあ、六つ目の敵は何ですか？」

「六つ目の敵は、**世間の空気**です。空気が悪いです。高度成長期に日本を騒がせていた光化学スモッグの１００倍くらい空気が悪い！」

「どういうことですか？　わかるように説明してください」

「テレビドラマや映画はさっきも言ったように、結婚をネガティブに表現するし、結婚以外のハッピーエンドを作り出しています。政府は女性を貴重な労働力だと考えて社会進出を奨励しています。女性は子どもを産むべきだと発言する大臣は更迭されます。親たちもキャリア女子たちに『結婚しなさい』とプレッシャーをかけなくなりました。マスコミも自立した女性を賞賛します。そうやって、結婚しない女性の生き方もあるんだぞという空気が出来上がってしまっているんです。この空気を、多くのキャリア女子たちは勘違いして『結婚しない女性の生き方もあるんだぞ』ではなく、『結婚しない女性の生き方のほうがいいんだぞ』になっているんです」

「結婚しないほうが楽ですからね。何の努力もしなくていいですし、現状維持でいいんですからね」

「また、キツイこと、言いますねぇ」

「そこに、あきらめがあると思うからですよ。キャリア女子たちは、もっと、もっと、幸せになれる。いまよりも、もっと綺麗に輝けるんです。そのチャンスを逃がしている。結婚がそのチャンスなんです。決して、決して、あきらめないでほしい。ベストパートナーと結婚すれば、仕事の喜びも、セックスの喜びも、夫婦愛の喜びも、すべてを手に入れることができるんですよ。なのに、何であきらめるんですか」

「キャリア女子たちは別にあきらめてませんよ。そもそも、結婚したいと思っていないんですから」

「だったら、結婚したいと思うべきです。一度も結婚したことのないキャリア女子たちは、結婚の喜びを知らずに『別に結婚なんてしなくていいです』って言ってるんでしょ。それって、処女のまま死んでいくようなものですよ。1パック400円くらいの苺を食べて満足しているようなものですよ。1粒5万円の美人姫という苺を食べずに死ねますか？」

「ボクは苺大好きですけど、別に美人姫を食べなくてもいいですけどね」

「いいえ、食べましょうよ。たった一度の人生ですよ。どうせほっといても死ぬんですよ。何もしなくても人生は終わっていくんです。だったら、この限られた時間のなかで、最高の喜びを目指しましょうよ。すべてを手に入れましょうよ。**結婚という最高の喜びをゲットしましょうよ**」

「でも、いま、お話ししたように、結婚するのが難しい社会になっているんですよ。この環境下で、どうやって結婚すればいいんですか？」

「結婚する方法はいくらでもあります。私がちゃんと教えますから、高橋さんも必ず幸せな結婚ができます。しかし、その前にもっとも重要なことがあります」

「もっとも重要なこと？　何ですか？」

「**結婚するぞ、と決意することです**」

「決意しなきゃできないもんなんですか、結婚って」

「結婚は、ある意味、エベレスト登頂のようなものです。準備も必要ですし、心と体を鍛えることも大事です。訓練もしなくてはいけません。そのためには、まずは、決意することとです」

「決意かぁ。努力したり、頑張ったりすることと、同じくらい苦手ですね」

ボクは暗い気分になって目を閉じた。

「大丈夫です。無駄な努力はしちゃダメです。それは、いくらでもアドバイスできます。結婚のための訓練も、慣れてくると楽しくてしょうがなくなりますから。高橋さんも、一緒にやってみましょうよ」

桃美さんは目を輝かせる。婚活をボクにやれというのだ。

そして、1週間後の「桃美会」に誘われた。桃美さんの家で、独身女性と独身男性が集まって飲み会をやるというのだ。

「わかりました。何とか顔を出せるようにします」

ボクは渋々了承した。

# 3 なぜ親密な関係になりづらいのか？

## ◇ありのままの自分を愛してほしいと思うキャリア女子！

1週間後、桃美さんの家を訪れると、ご主人が、
「いらっしゃいませ」
と、温かく迎えてくれた。40代の落ち着いた感じの人で、子どもを抱っこしたまま、はにかんだ笑顔を浮かべる。

独身のキャリア女子が二人来ていた。一人は40代の女医だ。腕のいい麻酔科の医者だという。ハキハキとモノを言う感じの女性だった。

もう一人は、外資系の保険会社に勤務する30代の営業職。世界トップのセールス成績を上げていて、先日、会社からのご褒美旅行としてヨーロッパ一周してきたという。

二人とも、バリバリの高給取りだった。

独身男はボクと、もう一人。30代の商社マンがいた。給料は良さそうだが、近々、中国へ転勤になるのだという。自己アピールばかりして、自慢話が多い。女性陣に対しても平気でダメ出しをする、意識高い系の男だった。

商社マンが持ってきた、フランス産最高峰に匹敵する国産ワインで乾杯した。

「ワインなんて、100ドルを超えるとあまり差はないんですよね。結局は好みですから」

と意識高い系の商社マンは上目線で言う。

ということは、この国産ワインは100ドル、つまり1万円以上もするワインなんだな。さらりと、そんな高級ワインを持ってきたぞとアピールするところが、さすが、意識高い系の男だ。

「うん、フルボディのワインね。悪くないわ」

外資系女子が言う。

フルボディって、何？　おっぱいのデカい女性のこと？　ワインにおっぱいがあるの？

ボクの頭は少し混乱していた。こうなったら、ガンガン飲んで、早めに酔っちゃえ！

「おかわり、いいっすか？」

ボクはワイングラスを持ち上げた。

40代女医さんがワインをそそいでくれた。

ピーピーと部屋の奥で洗濯機の音がする。桃美さんのご主人が子どもを抱っこしたまま、洗濯物を干しに行く。

「私、結婚して今まで洗濯したことないの。全部、主人がやってくれるから。ありがたいでしょ」

桃美さんが、カマンベールチーズを口に運びながら言う。

生ハムサラダやら、バーニャカウダやら、ガスパッチョやら、ローストビーフやら、豪華な料理がテーブルにならび、ボクは黙々と食べ続けた。

40代女医がこんなことを言ったとき、雲行きが変わった。

「私は、あるがままの自分を受け入れてくれる人がいいですね」

結婚相手を選ぶときの基準の話だ。年収でもなければ、外見でもない、家事をしてくれなくてもいいと40代女医は言う。家事なんて、家政婦を雇えばいいんだから。

ところが、意識高い系の商社マンが「あるがまま」という言葉にカチンと反応した。

「その、あるがまま、というのは、何の努力もしない、何も変わることもない、ありのままの自分ということですか？」

「そうです。いまのままの私です。だって努力する必要ないじゃないですか。努力しなきゃいけない相手と結婚しても、疲れるだけでしょ」

「育ってきた環境の違う赤の他人が一緒に住むんですよ。多少のことは譲らなきゃいけない局面が出てきますよ。そんなとき、どうするんですか？」

「たとえば、どんなときがありますか？」

「意見の食い違いはいろんな場面で出てきますよ。たとえば、旦那が急に海外に転勤になって、一緒に来てほしいってなったらどうしますか？」

「私は日本を離れたくないですから、そういう人とは結婚できないですよね」

「新居は旦那さんの会社近くのマンションにしようって相手が言ってきたら、どうしますか？」

「私は庭付きの一戸建て派なんで、庭のない家に住むのはちょっと無理ですね」

「つまり、それって、自分の考えをまったく変えないってことですよね？」

「変える必要なんか、ないじゃないですか」

「変えようと努力もしないんですか？」

「努力は必要ないでしょ」

「瞬間湯沸かし器のようにすぐに怒る性格を何とかしてほしいって、彼氏が言ったらどうするんですか？　怒りっぽいのが私なの、ありのままの私を受け入れてくれないのなら、別れましょう、って言うんですか？　自分の悪いところを直そうと努力しないんですか？」

「どんなに努力したって、長年やってきた性格が簡単に直るわけないでしょ」

「それは、ありのままじゃなくて、ワガママですよ！」

商社マンは少し興奮してきた。

「まあ、失礼な！」

「『ありのまま』という言葉をアナタは、勘違いしています。『ありのまま』という言葉は、自分は何も変えず、何も努力しない、という意味じゃないんですよ。そこを勘違いしている人が多すぎる！」

「努力しなきゃいけないんですか？」

「オープンマインドになって、ありのままの姿を相手に見せることは大事ですよ。弱みも、強みも、すべて見せ合うところから、愛がはじまるわけです。そして、いけないところは直さなきゃ。こっちの要望ばっかり押しつけるんじゃなくて、相手の要望も聞かなきゃいけないでしょ。人間的にも、もっと成長しなきゃいけないでしょ。そのためにも、努力は絶対に必要です」

商社マンは説教口調で言った。

「アナタの話を聞いてると、なければいけない、って言葉が多いですね」

40代女医は、腹立ちまぎれにワインを一気にあおった。

「努力は必要ないとか言っていると、いつまでたっても、男性と親密な関係にはなれませんよ。今夜は、あなたたちキャリア女子がどうして男性と親密な関係になれないのかをレクチャーして差し上げましょう」

と商社マンは得意げに言った。

## ◇男は女のおしゃべりにうんざりしている！

険悪な空気を変えなければいけない。どうする？

「ま、一杯、いかがですか？　日本酒もうまいですよ！」

ボクは日本酒を商社マンにススメてみた。

「あ、どうも」

桃美さんも、何とか空気を変えようと、30代外資系女子に話題をふる。

「結婚したら、やってみたいことってありますか？　夫婦で力を合わせてファミリー・ビジネスを起業するとか、考えたことないですか？」

「起業は考えたこともないですね。保険の営業職って個人事業主みたいなものですからね」

外資系女子が言う。

「結婚はしたいって言ってたわよね」

「いま、一人暮らしをしているんですけど、家に帰ったら、誰かがいるというのは憧れますね。夕食の料理も大したものじゃなくていいんです。ワインでも飲みながらおしゃべりができれば、それでいいんですよね」

「結婚すると、そういう楽しみはありますよね」

桃美さんが目を輝かせる。

「でも、そのあとの片づけはどうするんですか？」

意識高い系の商社マンがつっけんどんに言う。

「二人で片づければいいじゃないですか。うちの場合は、お皿洗いはほとんど主人がやってくれますけどね」

桃美さんが言った。

「桃美さんのご主人は家でお仕事をされているからいいですけど、フルタイムの会社で働いて、クタクタになって帰ってきて、ワイン飲んで、女房の愚痴聞いて、皿洗えって言われたら、頭をかきむしりたくなりますよ」

「洗い物をしなくていいように、柿の種に缶ビールでもいいじゃないですか。とにかく、夫婦でおしゃべりするんですよ。そういうのっていいですよ」

「私も、そういう結婚ならいいなぁ。多くを望まないです。夫婦でおしゃべりができたら、それでいいんです。1日の出来事が、二人で共有することでかけがえのない思い出に変わるんですものね」

外資系女子が夢見るように言う。

「おしゃべりって、どんなことを話すんですか?」

商社マンは、外資系女子にダメ出しをする。

「仕事のこととか、会社の人間関係とか、その日あった出来事を……」

「とりとめのない、オチのない話をするわけですね?」

「夫婦のおしゃべりに、オチなんか、必要ないでしょ」

「オチはなくてもいいですけど、その日のうっぷんを吐き出したり、愚痴を言ったりするわけでしょ? それを聞く側の身になって考えたことありますか?」

「夫婦なんですから、愚痴を言ったっていいじゃないですか」

「アナタが相手に愚痴を言うのであれば、相手の愚痴もアナタは聞かなきゃいけませんよ。それが、ちゃんとできますか?」

「できますよ!」

「嘘だね。そういうところを直さないかぎり、あなたたちキャリア女子たちは、男性と親密な関係にはなれません。女性は自分の言いたいことを言ってしまったら、相手の話なんか、ロクに聞きゃしないんだから。すべての女性がそうだとは言いませんが、少なくともボクが出会って来た女性たちはみんなそうでした。口を開くと愚痴しか言わない。そんな女性たちのおしゃべりに、男たちは、うんざりしてるんですよ。ねぇ」

商社マンは、ボクに同意を求めて来た。

ボクは、とっさに「ええ」と同意してしまった。マズい！　と思い、女性陣の顔色をうかがった。桃美さんは、天真爛漫にニコニコしている。

「あら、あなたは愚痴っぽい女性を引き寄せるタイプなのかもしれませんね」

と桃美さんが笑いながら言う。

30代外資系女子はさすがにご立腹かと思ったが意外に明るい表情をしていた。しかし、40代女医は、真っすぐに商社マンを睨みつけていた。おお、怖ぁ〜！

「女性たちに言いたい！　男は、女たちのおしゃべりにうんざりしているんだ。それを聞けと命じるなら、男の仕事の話も真剣に聞くべきだ。女性たちよ！　もっと実になるおしゃべりをしてほしい！　銀座の高級バーに行くと、ホステスたちは、経済新聞をしっかりと読んで政治や経済の勉強をして、お客と対等におしゃべりできるように努力しているんだ。男に愚痴を聞いてくれと言うのであれば、女たちも政治経済の勉強くらいして、男と対等に話せるようにしてほしいもんだ！」

意識高い系の男は、こんなふうに人に対してダメ出しをするのか、とボクは思った。

商社マンは酔いのせいか、興奮したせいかわからないが、鼻の頭から頬骨から耳たぶまで赤く染まっていた。

## ◇恋愛事情が日本と大きく違う欧米の考え方とは

「貴重なご意見だわ。女性たちも、ちゃんと心得なきゃいけませんね」

桃美さんが、その場を取りつくろうように言った。

「アメリカじゃぁ、小さいころから自分の意見を持つように教育されるから、会議になると、みんな率直に意見交換をするのね。それに引き換え、日本人は自己主張しないから、何を考えているかさっぱりわからない、ってよく言われます。さきほどの議論は、見ていて気持ちよかったわ。言いたいことは、どんどん言い合って、ぶつかり合えばいいのよ。コンフリクトは決していけないことじゃない。コンフリクトを避けようとすることのほうが間違っている。むしろ、積極的にコンフリクトを起こすべきだと思うわ」

外資系女子がしたり顔で言った。外資系女子は、小中高とアメリカのマサチューセッツ州にいたという。英会話も堪能らしい。

「外国の恋愛事情って、どうなんですか？」

ボクは話題を変えるつもりで訊ねた。

「日本人の恋愛って、型にはまりすぎている感じがしますね。『付き合ってください』という告白から交際がはじまり、プロポーズして結婚するという恋愛ステップがあります。外国では、わざわざ『付き合ってください』と了解を得るような恋愛はないです。しかも、日本人は最初から結婚を意識しすぎです。日本人女性は、遊ばれているのではないかと疑心暗鬼になるのかもしれませんが、相手のことをもっとよく知らないうちから結婚を意識するなんてあり得ない話ですよ」

「外国では同棲生活が当たり前だって聞いたけど、本当ですか？」

「アメリカ人はとくにそうですね。同棲生活が結婚までの大切な通過点だという考え方が主流です。実際に一緒に住んでみて、うまくいくか見極めてから結婚するわけです。一緒に生活するという経験もしないで結婚するというカップルは少ないですよ」

「六本木あたりにいる外国人男性は、エッチをするだけしたら、女性をポイって捨てちゃうというイメージがありますけど、どうなんですか？」

「それは、セックスに対する日本人と外国人との考え方の違いです。日本ではセックスと聞くとワイセツだったり、汚らわしかったり、いけない行為のようにとらわれています。だから、真剣なお付き合いじゃない限りセックスはしないという考え方が一般的になっています。しかし、欧米では恋愛関係になる前にセックスをして体の相性を確かめておくという考え方を持つ人が多いようです。そもそもセックスに関してもオープンですし、本能的です。

日本人女性はセックスをしたあと別れようと言われると、遊ばれたと被害者意識を持つかもしれませんが、相手の外国人男性にしてみれば、一度試してみて、体の相性が合わないから別れたと言うでしょうね」

「体の相性を確かめるという考え方があるから、欧米にはセックスレスで悩む夫婦が少ないのかもしれませんね」

「そうですね。セックスレスが原因で別れるなんて、あり得ないという考えがありますね。老夫婦でも週に1度のセックスは欠かせないというカップルは多いですよ」

「セックスは重要ですもんね」

　ボクは感心した。

「欧米でも少数派ですが、オープンリレーションシップという恋愛スタイルをとっているカップルもいます」

「オープンリレーションシップ?」

「お互いの浮気や二股を公認している関係です。お互いに束縛されたくないという意識が強くあって、第三者との恋愛も自由にするというカップルは少しずつですが増えていますよ」

　外資系女子がニヤリとする。自分もその一人だと言わんばかりの自信たっぷりとした顔つきだった。

　そして、商社マンが外資系女子の言葉を受けてこう言った。

「つまり、日本の女性たちは頭が固いんですよ。告白されて付き合いはじめ、プロポーズされて結婚、結婚したら出産しなきゃって思ってる。ステレオタイプというのかなぁ。セックスも含めて試しに親密な関係になってみるという発想がない。だから、結婚して『ああ、この人じゃなかった』って後悔するんです」

## ◇昔はできちゃった婚が主流だった!

「そもそも結婚っていう仕組みがいつごろからできたんでしょうね」

と外資系女子が言う。

「日本人の祖先は性に対して、非常に大らかでしたから、誰と誰ができていて、誰の子どもが生まれるのか、父親は誰なのか、さっぱりわからない乱婚とか雑婚という状態が長く続いたんです」

ボクは調べてきた日本の結婚史について語った。「力の強い男が女を略奪してきたり、米や牛と娘を交換したり、お金で買ったり、高貴な方へ娘を献上したり、そんなふうに男女が結ばれて家庭を築くことがあったみたいです。その頃は、男が女性の家に入る婿入り婚が一般的でした。平安時代までは、そんな感じです。

それが、鎌倉時代の武士の世の中になってから少し変わってきます。女が男の家に入る嫁迎え婚が一般的になるんです。武士は、結婚したからといって、所領を離れることができませんので、女が家に入らなければいけなくなったんですね。この頃から、婚礼に関する作法も確立されていきます。

江戸時代になると、庶民の間に武家の礼儀作法が採用され、金持ちの商家は盛大な結婚式を挙げるようになったんです。封建時代の平和が３００年近く続きますので、江戸時代の風習が日本人の遺伝子に色濃く残っていますよね。とくに、家督制度です。家を守るという意識が根強くあって、いまだに個人よりも家や全体の和を大切にする風潮がありますよね。そして、家を守るためには、家督を継ぐ男の子が必要になります。それゆえ、男の子は特別に可愛がられるわけです。現代でも『お前は長男だから』とか、『長男の嫁だから』という言い方をする人がいますよね」

酔いがまわったせいか、ボクは、饒舌になっていた。

「でも、夜這いの制度が昭和の戦後まで残っていたんでしょ。日本人は性に対しては近年まで大らかだったんですよね」

意識高い系の商社マンが口を挟む。

「その通りです。男性が夜中に、セックスを目的に女性の寝所へ忍び込むことを『夜這い』と言います。古くは万葉集の時代から行なわれていた風習です。平安時代までは、通い婚が常識だったわけですから、夜中にこっそり通うのが夜這いで、昼間っから堂々と通うのが結婚ということになります。

農村では、村の娘と後家は、若い衆のものという意識があったんです。レイプまがいの夜這いもあったので、そこは、男たちが若衆組を結成して、一定のルールを作って監視していました。祭りのときだけは人妻もＯＫだったり、あそこの後家は熊五郎のものだから他の男は手を出すなとか、村一番の美女は喧嘩で勝った男のものだとか、そんなルールです。もちろん、女性のほうから拒絶することもできます。

民俗学研究の赤松啓介さんの著書『夜這いの民俗学』によると、昼間、娘のほうから積極的に男にアプローチすることもあったといいます。今夜待ってるから、絶対に来てちょうだい、というサインを送るのだそうです。他にも、よそ者が夜這いをして、若衆組に見つかると半殺しにされることもありました」

「子どもが生まれたらどうするんですか？」

外資系女子が興味深そうに言う。

「そのときは、結婚して家庭を築くわけです。子どもの父親が誰かわからないときは、若衆組のなかから誰かが適当に選ばれて婚姻となります。子どもはそれでもちゃんと育ったわけです。もしも男の子だったら、貴重な働き手ですし、武家や商家だったら大事な跡取りになりますので、大切に育てられました」

「いまで言うと、できちゃった婚ってわけね」

「養子縁組も盛んに行なわれましたから、血のつながっていない親子は日本中にいっぱいいたと思いますよ」

「夜這いの風習がなくなったのはなぜなの？」

「明治になって、日本に西洋の思想や考え方がドッと入ってきました。世界の一等国になるという至上命題もありました。そのなかで、夜這いという風習は、世界に恥ずべきものだと思われたんでしょうね。世界の一等国になるには、日本人女性はもっとおしとやかで、つつましくあらねばならないわけです。

　男たちも紳士的に振る舞わなければいけないと思われました。それで、明治以降、夜這いを禁止する条例が各地で出されたんです。でも、昭和になってからも、戦後間もないころも、夜這いが行なわれていた地域があったといいます。そもそも、夏に行なう盆踊りというのは、娘も熟女も、未婚者も既婚者も、老いも若きも入り乱れてセックスする乱交パーティだったわけですから」

「それって、オープンリレーションシップってことですよね！」

外資系女子が目を輝かせる。

「しかし、現在の日本人はセックスしない国民になってしまいました。だから、日本の女性たちはセックスに至るまでに時間がかかります。そうなると、キャリア女子たちは、なかなか男性と親密な関係になりづらいですよね」

商社マンがそんなことを言った。

## ◇なぜ草食系男子が増えたのか？

「英国のコンドームメーカーDurex社のアンケート調査によると、1年間の平均回数がもっとも多いのはギリシャで164回。2日に1回はやっている計算になります。続いてブラジルの145回、ロシアとポーランドが3位で143回、5位がインドで130回。日本は、アンケートを取った26カ国のうち最下位の26位。22位のアメリカが85回、25位の香港が82回に対して、日本は48回。性欲喪失国民と言っても過言ではないですね」

ボクは、スマホに入ったデータを読み上げた。

「たしかに、私の周りの男子たちは、性欲の弱い人が多いみたいです。草食系男子ってやつですかね」

外資系女子が空になったワイングラスをもて遊びながら言う。ボクはそのグラスにワインをそそいだ。

「性欲の弱い草食系男子が増えると、結婚するカップルは減りますよね。そもそも、男が女性にアタックしないんですから」

「そうですよ。なぜ、草食系男子がこれほど増えてしまったんでしょうか?」

「そうですねぇ……」

ボクが考え込んでいると、商社マンが割り込んで言う。

「肉食系男子の数は決して減ってないし、草食系男子の数も決して増えたわけではないと思いますよ。マスコミが草食系男子って騒いでるだけですよ。女性たちは、マスコミに踊らされて、周りは草食系男子ばっかりって思い込んでいるけど、よく見てください。そんなに増えてますか?」

「私の病院の契約スタッフにも草食系男子はいますよ。30過ぎて女性と一度も付き合ったことがないって言ってました。風俗やソープへも行きたいと思わないって言ってますし、性欲自体がないって言うんですよ」

40代の女医が言う。

「一人、そういう男がいたからといって、すぐに草食系男子が増えていると決めつけるのはどうでしょうか？」

「私は30代ですけど、やっぱり同世代の男性と、上の世代を比べてみても、明らかに草食系男子は増えていると確信しています」

桃美もそう言った。

「草食系男子が増えた理由はいくつかあります」

とボクは一般的に言われている理由を紹介した。

「ネットの普及によって、誰とでも簡単につながるようになり、お金と時間のかかる面倒臭い恋愛に価値を見いだせなくなったという理由が一つ。

二つ目がゆとり教育によってハングリー精神が低下したこと。みんな平等、他人と戦うことや競争は野蛮な行為だからやめましょうという考えが染みついています。これじゃあ、他の男を出し抜いて目指す女性を獲得するという欲望は生まれませんよね。

三つ目は、強い独立した女性の出現です。男女平等によって、キャリア女子が増加し、仕事も家事も子育てもすべて平等にするという考えが広まりました。そこでは、男たちは『強い男』である必要がなくなったんです。弱いままでいいし、テレビをつけるとオネエ男子が人気を博していたりします。そこへ、草食系男子という流行りの言葉が生まれたので、乗っかっておこうとする男たちもいるでしょうね」

「理由はいろいろと言われていますけど、すべて的外れですね」商社マンがダメ出しをする。「一つ言えることは、恋愛のハードルが年々高くなっているってことです。ここに大きな原因があります。年収が高い大企業の正社員や成功した経営者、あるいは、安定した公務員の男たちは、サッサと結婚していますよ。女性たちも、その親たちも、結婚相手の男には高収入と安定を求めるでしょ。しかも、家事を分担しろとか、育児も手伝えとか言って、どんどんハードルを高くしているわけです。大企業の正社員や成功した経営者、安定した公務員よりも年収が下の男たちはどうするんですか。

真面目な男はどんどん萎縮していきますよ。萎縮しているうちに、いつの間にか性欲までなくなっていった男がいるかもしれません。恋愛なんか興味ないと自分を偽って言っているかもしれないじゃないですか。お金もない、時間もない、元気もないじゃ、デートすらできませんよ。ヒモ男なら女性におねだりしてデートすることもできるでしょうし、詐欺師男なら金持ちぶって恋愛するでしょうね。でも、真面目な男たちはそれもできないで、どんどん殻に閉じこもっちゃうんだよね」

この言い分に、ボクは感心した。

「たしかに、ボクの知り合いで、金持ちぶって結婚した男がいました。プロポーズはヘリコプターをチャーターして東京上空でシャンパンを飲みながら指輪を渡したそうなんです。とにかく、バブリーなデートを重ねて結婚したんですが、フタを開けると借金だらけで、カード破産寸前だったといいます。その男性に話を聞くと『そうでもしないと、結婚してもらえないと思った』と言っていました」

ボクの知り合いのエピソードだ。

「恋愛のハードルを高くしてしまったのは、他でもないキャリア女子たちですよ。自分たちで壁を作って男たちと親密な関係にならないようにしているんです」

商社マンはいまだに「キャリア女子はなぜ親密な関係になりづらいのか?」というレクチャーをしているつもりのようだ。

そのとき、桃美さんのご主人がやってきた。子どもを寝かしつけてきたようだ。

# 4 なぜ男を取り逃がすのか？

## ◇アナタには肉体的な魅力しかないのか？

「何の話をしていたんですか？」

おだやかな口調でご主人は話す。

「なぜ、草食系男子が増えたのかというお話です」

ボクがこれまでの経緯を話した。

「たしかに、経済的要因は大きいと思いますね。しかし、戦後の混乱期には、貧しくても、結婚して子どもをもうけて、家族が助け合って生きてきたわけですからね。貧しくても夢があったし、庶民が青年のように前向きでたくましく生きていました。もちろん、脱落した人々もいっぱいいいたでしょうが、日本社会全体は高度成長していったわけです。ところが、いま日本は老人国家になってしまいました。過去の遺産を食いつぶしながら生き残っています。私たちの意識も大きく変えなきゃいけないと思いますね」

ご主人は、社会全体が見えているようだ。

ボクが質問した。

「私たちは、どう意識を変えればいいんですか？」

「一刻も早く政府が抜本的な対策を講じてくれることを祈るばかりですが、待っていてもしかたありません。一つ肝に銘じておかなければいけないことは、政府も会社も頼りにはできないということです。自分の人生は自分で決める、人任せにしないという意識をしっかりと持たなければいけません。結婚するときも、相手に頼るという意識ではうまくいかないでしょうね」

「そう、その通り！」

商社マンが興奮して桃美さんのご主人を指さした。「頼るという意識は捨てたほうがいいですよね。自立した女性と言っておきながら、男に頼ろうとしているのは、絶対におかしい！」

「別に、私たちは男に頼ろうという意識はありませんよ！」

40代女医が反論する。商社マンと女医は、また熱いバトルになりそうだった。

桃美さんが間に入ってこんなことを言った。

「私の知り合いのキャリア女子たちは、サッサと結婚して仕事を辞めたいって言っている人がけっこう多いですよ。それって、仕事が嫌で結婚するということですよね。ある意味、男に依存していると言えるかもしれませんよ」

「女性たちも、もっと自分を磨いてほしいものですよ」

商社マンは思わぬ援軍を得て得意げに言った。

「私は女を磨いてますよ！」

「何をやってるんですか？」

「毎月エステに行ってますし、ネイルもちゃんとやってます。体型維持のためのダイエットだって頑張ってるんですから」

「それって、外見ばっかりですよね。内面は磨いてないんですか？」

40代女医はたしかに美しかった。スタイルも抜群だ。医者になるくらいだから、頭もかなり賢いのだろう。ただ、少し性格的に難がありそうだった。

性格といえば、商社マンだって問題がある。女性陣が傷つくことをズケズケと言う。しかし、外資系女子に言わせれば、自己主張して激論することは良いことなのだそうだ。そう考えれば、ズケズケと言いたいことを言う商社マンと40代女医の性格は間違ってはいない。ボクの認識を改めるべきなのだろうか。

「肉体的な魅力しかないのは、女性も男性もお互いによくないことですよね。どうせ、肉体は年と共に衰えていくんですから、もっと違う魅力を身につけていくことを考えなければいけないんじゃないでしょうか？」

商社マンがズケズケと言う。

「違う魅力って何ですか？」

40代女医は腹立ちまぎれに訊ねる。

「私は、これまで知人の紹介で10人とお見合いをしました。みなさん、外見は美しいんですが、中身は空っぽでした。申し訳ないんですが、私のほうから全員お断りさせていただいたんです。キャリア女子たちは、もっと内面を磨く努力をするべきだと思います。だから、キャリア女子たちは男を取り逃がすんです」

商社マンは人を見下したように言った。

今度は「キャリア女子はなぜ男を取り逃がすのか？」という講義がはじまったのかとボクは思った。

## ◇キャリア女子が嫌われる五つのタイプ

「お見合いやデートというのは、ある意味、お互いの面接のようなものですよね。結婚相手としてふさわしいかどうかを判断するために、食事に行ったり、出かけたりするわけです。女性が男性を品定めするように、男性もまた女性をチェックしています。男性から見て、どういう女性が『中身は空っぽ』だなと思うんでしょうか？」

桃美さんが商社マンに質問した。

「やっぱり、自分の意見とかがなくて、会話自体が受け身、人に合わせてばかりの女性は面白くないですよ。見た目がどんなにきれいでも愚痴や陰口、噂話とか人の悪口を言う女性は好きになれませんね。キモイとか、ウザいとか、意味わかんないとか、そういう否定語を使って話す人も、男性には嫌われると思いますよ」

商社マンは、真剣な顔つきでワインを口に運んだ。

「高橋さんはどうですか？」

桃美さんがボクにふってきた。マズいなぁ。40代女医さんも、30代外資系女子も、できれば敵に回したくない。

「そうですねぇ。いつもムスっとしている不機嫌な人は苦手ですね」

「あ、そうそう、食事したとき、おごってもらって当たり前という態度をとる女性とか、自分は特別な女なんだって思っているようなのもマズいですよね」

商社マンが思い出したようにポロリと言った。

それから、商社マンは、ポツポツと**嫌われる女性のタイプ**を列挙した。全部で五つのタイプを話した。

まずタイプ1は「**周りの意見に左右され、いつも人と群れたがる女性**」。自分の意志や意見がない女性は、一緒にいても本当に退屈する。受け身で主体性のない人はここぞという大事な時にも決断ができない。一見、優しい人だとか、協調性があるというように思えるが、自分を持っていない空っぽな女性だといえる。商社マンは、自分の意見を持たない女性が嫌いなようだ。

タイプ2は「**浅はかな社会批判をする女性**」だ。たとえば、待機児童の問題が話題になったとき、商社マンがお見合いした「浅はかな社会批判をする女性」が、「政権が変われば、そういう問題なんか、いっぺんに解決するのにね」と言ったそうだ。「どうやって解決するの？」って聞いたら、「わからない」と言った。

商社マンはもっと深く議論したかったらしい。しかし、いままで一つの話題を深く議論できる女性に会ったことがないという。女性たちは、コロコロと話題を変えていき、こちらが深く考えていると、置いてきぼりを喰らう。

女性たちの意見は、短絡的な考えばかりで、思い付きや感覚で発言している。全部、稚拙な意見ばかり。そんな女性と話をしていると疲れるのだと商社マンは言う。

タイプ3は、「**男が選んだ店をケナす女性**」だ。自分の選んだ店をケナされると、気分を害してしまう男が少なからずいる。ファーストドリンクの来るのが遅いとか、料理も最悪、スタッフの接客態度もなってない。たとえ、そんなヒドイ店だったとしても、男の前で、その店をケナしてしまったら、男は大いに傷ついてしまう。

こんなヒドイ店をデートに選んでしまった自分の不甲斐なさを呪い、男の自信は喪失してしまうだろう。責任感の強い男は落ち込むに違いない。

タイプ4は、「**プライドが高すぎる女性**」だ。プライドの高い女性は、男が女をもてなすのが当然だと考えている。デートプランを考えるのも、素敵なプレゼントを用意するのも、「当然でしょ」と思っている。特に男性にちやほやされてきた女性にこのタイプが多い。

だから、それができていないと怒り出す。しかも、自分が悪いとは1ミリも思っていないので、決して謝らない。頭を下げることができないのだ。

プライドの高い女性は、相手の言いなりになることも嫌がる。たとえば、デートの場所も、自分の家の近くを指定する。男の家の近くでデートするとなると、負けた気分になるのか、そういうことで駆け引きをしてくるのだ。男にとって、これほど苛立たせる女性はいないだろう。

タイプ5は、「**何度も待ち合わせ時間に平気で遅れてくる女性**」だ。商社マンが言うには、時間にルーズな女性は、お金にも男にもルーズだという。

この法則のロジックは、待ち合わせ時間というのは、二人で交わした約束である。一度や二度なら仕方ないが、その約束を毎回平気でやぶってしまう女性は、他の約束でもやぶるはずだ。

あえて遅れていくという女性もいる。上下関係を考えると、待っている方が下で、待たせている方が上になる。プライドの高い女性にありがちなのだが、どちらが優位に立っているかを確かめるためにあえて遅れていくのだ。

そんな女性も、待ち合わせの時間に遅れるというのはアウトだ。「浮気はしないでね」という約束も、自分なりの理屈をこねてやぶってしまうだろうから。

「わかりましたか？　こういう理由でキャリア女子たちは、男を取り逃がしてしまうんです。だから、ちゃんと改善してほしいものです」

商社マンは、一人で延々としゃべり続けた。まるで、お見合いした10人の女性たちへの恨みつらみを吐き出しているようだった。

そのとき、商社マンのスマホの着信音が鳴った。商社マンはスマホを耳につけたまま、外へ出て行った。

## ◇距離を置きたがる男の心理とは？

商社マンがいなくなって、40代女医がこんなことを言った。

「つき合いはじめて、しばらくすると、『距離を置こう』って男が言うでしょ。あれって、やっぱり別れようっていう意味なのかなぁ？」

誰に対して言った質問なのかわからなかった。商社マンがいないので、男性陣はボクと桃美さんのご主人の二人だ。キャリア女子が男を取り逃がす理由は、男の側にもあると言いたいのだろうか？

「別れようっていうことだと思いますよ。京都の人の『考えときます』はお断りということだというのと同じですよ」

桃美さんが身も蓋もないことを言った。

「あやふやな言葉で傷つかないように別れを切り出したととらえることもできますが、男性心理から言うと、別の意味があります」

ボクは思わせぶりな言い方をした。

「どういう意味があるんですか？」

「迷いが生まれたってことです。二人の関係をこのまま続けていいのかどうか、迷いはじめたということであって、別れを告げるサインではないんです。もちろん、迷いの先には別れもあるわけですけど、ドキドキしたりキュウンとなったりする時期を過ぎてしまうと、男は急に連絡を取らなくなるものなんです」

「ボクはなかったなぁ。ずっと好きだったし、喧嘩したり、口論したりすることはあっても連絡だけは取っていた。仕事も一緒にしていたので、仕事の話もしなきゃいけないからね」

桃美さんのご主人が淡々とそんなことを言った。

「男が急に連絡を取らなくなったとき、女性の方からしつこくメールしたり電話したりしたらダメなんでしょ。何か、面倒臭ぁ！」

外資系女子がちょっと投げやりに言った。

「だから、男も期待しているってことです。男が距離を置きたがるのは、心が揺れているからなんです。まだ、別れると決めたわけではありません。本当にちょっと距離を置きたいだけなんです。たとえば、週に2回も3回もデートしていて、そのたびに男がお金を出して、仕事のスケジュールもうまく調整して、とかやっていると、それは疲れますよ。ちょっと休憩したくなるんです」

ボクがそう言うと、桃美さんのご主人も「そういう心理はあるかもね」とフォローしてくれた。

「彼女の欠点ばかりが目についてウンザリしていたとき、距離を置きたくなるんです。

だけど、心の底では、もしかすると良い面が見えてくるかもしれない、と期待しているんですよ」

ボクは男性心理と言いながら、いつの間にか自分のことを吐露していた。

「男としては、欠点を直してほしいわけ？」

外資系女子が言った。

「まぁ、そういうことですよね。『ごめんなさい。もっと素直な女になるから』って謝ってくれたら、『よしよし』って言えるんですけどね。男からも、女からも、お互いに謝れる関係になれるといいですよね。いつも男が謝っていたら、ストレスが溜まってしまいますからね。女性も謝ってくれれば、思いっきり喧嘩できますし、言いたいことを言い合えますよね」

ボクは苦しまぎれに言った。多くのキャリア女子は、男が距離を置きたがる時期に残念ながら取り逃がしている。そんなことが言いたかったのだが、うまく伝わっただろうか？

桃美さんのご主人が、穏やかな口調でこんなことを言う。

「なかなか謝れない女性もいますよ。そんなときは、男が包み込むように、彼女の本音を引き出してあげなきゃいけないんじゃないかなぁ。たとえば、『ホントは、意地張って悪かったって思ってるんでしょ?』って誘導尋問のように言えば、『うん』って可愛くコクリと彼女はうなずくもんです。そして、男は頭をよしよしって撫でてあげればいいんですよ。うちの嫁は、すぐに怒って『もう、知らない』ってよく言うんだけど、そんなときは、『もう、知らない』という言葉は、『私をもっと可愛がってよ。かまってちょうだい』っていう意味なんでしょって、嫁の悪態の裏の意味を解説して楽しんでますよ。そうすると、いつの間にか、喧嘩はおさまってますよね」

桃美さんのご主人が桃美さんを見つめて「ねっ」と首を傾ける。何か、いい夫婦だなぁ、という温かい空気が流れた。

「今度、嫁と二人で婚活セミナーを開きますので、みなさんも参加してみませんか?こういうコミュニケーションスキルを中心に講義します」

桃美さんのご主人はそう言って、ボクを誘った。

「女性とうまくやっていくコミュニケーションスキルを身に付けたいとは、思いますけど、結婚するためのセミナーというのは、ちょっと……」

ボクは、そう答えた。

「じゃ、近くなったら、連絡しますね」

桃美さんのご主人はスマホを出して、ボクとフェイスブックでとりあえず友だちになった。

## ◇男を惹きつける三つのスキル

「キャリア女子たちがモテるためには、何をすればいいのかしら？　2回目のデートではうまくいくのに、3回目、4回目で男性が距離を置いてしまい、それで終わるケースが多いみたいなんですけど、男を取り逃がさないためには、どうすればいいんでしょうね」

桃美さんが、そんな問題提起をした。

「そうそう、こっちがその気になっても、男の方が逃げ腰になってしまったんじゃ、どうにもならないからねぇ」

40代女医は少し酩酊しているみたいだ。

「たぶん、そういう時期を乗り越えると、何でも言い合えるようなカップルになれるんでしょうね。どんなに喧嘩しても、すぐに仲直りできて、相手の直してほしいところも、自由に言い合って、妥協すべきところは妥協して、お互いに成長できる。そういう相手を見つければ、きっといい結婚ができるんでしょうね」

30代の外資系女子が結婚という言葉を強調して言った。

「足を引っ張り合うような二人が結婚すると生活はどんどん苦しくなっていくけど、お互いが成長し支え合う二人が結婚すると生活はますます豊かになりますよね。相乗効果というやつです。結婚によって相乗効果を生み出すポイントは、お互いが成長することです」

桃美さんのご主人が理路整然と話す。

「でも、男性から連絡がなくなったら、どうすればいいんですか？　女は何もせずにジッと待っているしかないんですか？　下手に女から連絡取って『私のこと、どう思っているの？』と詰め寄ったりしたらダメなんでしょ」

外資系女子が言った。

「アナタが、相手との交際をまだ続けたいのであれば、女性から連絡してもいいと思います。ただし、男に詰め寄るのは逆効果です。男は詰め寄られるのが大嫌いですから、女性から詰め寄られたら、即座に別れを決意するでしょうね」

桃美さんのご主人は冷静に答えた。

「じゃあ、連絡とって、どうすればいいんですか？」

いつの間にか、外資系女子が生徒で、桃美さんのご主人が教師のような雰囲気になってきた。

「充実した毎日を送っていることを伝えればいいんです。今日、会社で新しいプロジェクトのリーダーに任命されたよ、とか、部屋の模様替えしたんだよ、とか、何でもいいんです。彼氏の専門分野のことを教えてもらうというのもいいですよね。とにかく、友だち感覚で気楽にメールして、アナタから連絡が来なくても私は怒ってませんし、いつでも、またデートできるのよ、というサインを送ればいいんです」

「なるほど、それいいわね。そういう女子はモテるかも！」

「でもね。モテようとして、男の性的興味を刺激するのは要注意です。たしかに、性的興味を刺激されたら、男はイチコロです。セクシーな服装を着たり、男の体に触ったり、濡れた瞳で見つめたりすると、必ず男は寄ってきます。誰かとセックスしたいときは、そういう手法を使うのはいいかもしれません。しかし、それはすぐに冷めてしまうたぐいの愛です。セックスしたら、男はあなたへの興味を失うでしょう」

「え？　それはダメ。ダメよ、ダメ、ダメ」

外資系女子が素っ頓狂な声を出す。

**「男の真の愛を獲得するためには、三つのスキルを身に付けなければいけません」**

そう言って、桃美さんのご主人は三つのスキルについて解説した。


一つ目のスキルは**「援護射撃を打つスキル」**だ。男が外でバリバリ働いて、お金を稼いできてくれたら女性だって嬉しいはず。そのためには、女房が援護射撃を打って旦那を働きやすくしてやる必要がある。

男は、自分の女房や彼女を自慢したいのだ。美人だとか、スタイルがいいとかで自慢したいのではない。「こんなふうに男を立ててくれる女なんだ」と自慢したいのだ。

たとえば、酔っ払って終電がなくなったとき、車で迎えに来てくれる女房に、多くの男は憧れる。食事に行ったとき、レジで財布の中身を見てお金が足りなくて慌てたとき、店員にわからないように後ろからお金を渡してくれる彼女に男たちは惹かれるのだ。

こうした援護射撃ができる女性を男たちは求めている。

とにかく、旦那の悪口を言って男に恥をかかせるような女性は、男に嫌われる。愛される女性になるには、男を立てて、援護射撃を打つことだ。そして、男が自慢できるような女になることだ。

二つ目のスキルは「**向上心を持って学ぶスキル**」だ。どちらか一方の成長が止まると、相乗効果は半減する。半減どころかゼロになる。

相乗効果はかけ算である。男が頑張って成長しても、女がゼロだったら、そのカップルはゼロなのだ。もしも、どちらかがマイナスだったら、一方がいくら努力してもマイナスになってしまうのである。

しかし、少しでもいいから向上すれば、素晴らしい相乗効果を生む。相乗効果が働きだすと、考えもしなかったような奇蹟が起こる。ボロアパートに暮らしていた生活が一変してタワーマンションに住めるようになるかもしれないし、ハワイに別荘を持てるようになるかもしれない。豊かさは青天井だ。

そのためには、まず向上心を持つことだ。二人の共通の目標を立てて、その目標に向かって努力するのである。

それぞれの目標があるはずだ。会社員ならば、上司に認められるような仕事をして昇進することを目標にしてもいいし、独立起業を目指してもいい。習い事の上達を目標にしたっていい。とにかく、それぞれの目標を立てて、一人の目標を二人の共有の目標にし、応援し合いながら向上するのだ。

結婚生活をより良くするという目標も必要だ。二人の生活から課題を見つけて、その課題解決のために二人で話し合い、協力して解決する。どんな小さな問題も、決しておろそかにせず、ちゃんと向き合うこと。

家事の負担が一方に重くのしかかっている場合もあるだろう。その場合は、掃除の仕方や、洗濯のやり方、料理などをお互いが学べばいいのだ。

分担の方法や段取りのことも学ぶ必要があるかもしれない。セルフモチベーションの方法や時間管理、おもてなしや心配り、生き方についても学ぶ必要があるだろう。本を読んだり、先輩に教わったり、インターネットやテレビなどで情報を集めたりする。

そういうスキルを身に付けると幸せな結婚生活が送れるだろう。

三つ目は「**共感、共鳴、協調のスキル**」だ。共感とは心が通じ合った状態になること。共鳴とは相手の言葉を心に響かせること。協調とはコラボレーションで新しい価値を生み出すこと。

このスキルが身に付けばコミュニケーションはバッチリだ。結婚生活もきっとうまくいくだろう。職場でも、飲み会でも、いろんな人間関係の悩みもこのスキルで解消する。

しかし、このスキルを身に付けるには練習が必要だ。

相手に共感するには、「相手がどう考えているか、感じているだろうか」という想像力が必要だ。相手の感情に寄り添わなければいけない。真剣に耳を傾けて聞くという姿勢も大事だ。相づちを打ったり、うなずいたりする必要もある。頭から否定せずに認めて受け入れなければいけない。

共鳴するには、表情を豊かにする必要がある。相手が悲しんでいるときに、こちらが無表情では共鳴しているとはいえない。

協調するには、喜んで力を貸してあげる必要がある。仕事が忙しいから勝手にやってくれ、では協調などできないのだ。

「この三つのスキルは、キャリア女子だけではなく、男性にも必要なスキルですよね」

と外資系女子が言った。

「理想は、カップルが二人で、こうしたことを学び、身に付けていけたらいいんですけどね」

桃美さんはそう言い、空いたお皿をキッチンへ運んだ。

こうしたスキル不足が相手を取り逃がす原因になっているということかもしれない。

## ◇目標を失い絶望した人たち

「でも、そんなに苦労してスキルを身に付けなきゃいけないのって、大変！」

40代女医がウンザリしたように言う。

「私も、これから頑張って自分を変えるというのはシンドイかも」

外資系女子が眉をひそめる。

外で電話をしていた商社マンが帰ってきた。仕事の電話だったようで、席についてすぐ、桃美さんのご主人に向かって「例のコンペ、勝ちましたよ！」と親指を立てた。

「仕事、うまくいったんですか？」

桃美さんがフルーツの大皿をテーブルに運びながら言う。

「ええ、まあ。１００億の仕事が決まったってだけですよ」

商社マンは大したことないっす、とでも言うような態度で言った。

40代女医があからさまに嫌悪感を顔に出した。

「で、何の話をしていたんですか？」

商社マンは女医をおちょくるようにニコニコとして言った。

「アナタには関係のない話よ！」

女医はワインをグッとあおる。

また、商社マンと女医のバトルがはじまるのか？

外資系女子はサクランボを皿からつまみ上げている。

桃美さんは夕張メロンを頬張っている。

桃美さんのご主人は缶チューハイの栓を抜いている。

ボクは日本酒をチビチビと飲んでいる。商社マンと女医の顔を交互に眺める。女医は少し眉が吊り上がっていた。

商社マンはニコニコ顔を崩さず「話題に入れてくださいよ」と言った。

その瞬間、空気が緩んだ。

案外、いい奴なのかもしれないと思った。自己主張ははっきりとするが、個人攻撃はしないし、議論のルールは守っている。

「男に好かれる女になるには、努力してスキルを身に付ける必要があるって、桃美さんのご主人が言ったんで、私たちが、努力なんてする必要はないんじゃないかって言ってたのよ」

外資系女子がそう言ってサクランボを口に入れた。

「それって、いま流行りの『頑張らない病』でしょ」

「頑張らない病?」

3人の女性たちが同時に声をあげた。「頑張らない病」というはじめて聞く病名にびっくりしたのだ。ボクもはじめて聞く病名だ。

「つまり、嫌なことはしない、頑張らない、努力しない、という病気です。バーンアウトシンドロームやうつ病の人たちに『頑張って』と励ますとプレッシャーになって相手を追い込んでしまうので、禁句になってしまいました。それが、いつの間にか、

『頑張ってはいけない』というメッセージとなって、いたるところで聞くようになったんです。テレビでもラジオでも、雑誌も新聞も、職場でも、家庭でも、24時間、365日、『頑張ってはいけない』というメッセージをわれわれは受け取っているんです。そして、多くの人が頑張らない病にかかってしまいました」

「なるほど、おもしろい分析ですねぇ」

桃美さんのご主人がジッと商社マンを見つめている。

「頑張らなくていいという思想は恐ろしいです。頑張らなくていいわけですから、仕事もしなくていいんです。両親たちも、頑張らなくていいという思想に毒されてしまっていますから、息子が10年も20年も引きこもっていても何の手立てもできません。テレビのインタビューで『働いたら負けだと思ってます』と答えたニートの青年がいましたが、働いたら負けTシャツが売れた時期もありました。人と関わるのは面倒臭いし努力や忍耐を必要としますので、頑張らない病になるとそれを避けるようになります。頑張らない病になった人は、当然、面倒臭い結婚なんかしたくないと思うでしょうね」

商社マンの言う通りだなと思った。

ジャパン・アズ・ナンバーワンと言われた80年代に、日本人は24時間戦っていたのだ。企業戦士という言葉も流行した。嫌なことを我慢して、頑張って、努力して世界一の繁栄を手にしたのである。

当時の日本人のモチベーションは貧しさからの脱出だった。戦後の焼野原から、日本人は欧米に追いつけ追い越せという思いで頑張ったのだ。

アメリカからジャパン・バッシングを受けるようになってから、日本経済の歯車が狂い始める。猛烈社員として働いていた男たちも燃え尽きてしまう。うつ病患者が増加していった。

目標を失い絶望した人たちがそこにいた。

「高度成長期のときは、欧米に追いつけ追い越せという明確な目標がありました。いまはそれがないとよく言われますが、ないのなら持てばいいんですよ。頑張って働いて疲れたのなら休めばいいだけのこと。休んで英気を養ったら、また頑張りましょうよ。何なら、私が目標を立てましょうか。日本が世界の模範となるという目標じゃだめですか。しっかり働いて、結婚して幸せな家庭を作りましょうよ。世界でいちばん豊かで幸せな国を私たちの力で作っていきましょうよ！」

商社マンが熱っぽく語った。もしかすると、崇高な志を持った男なのかもしれない。

「いいね。その意見に賛成！」

桃美さんのご主人がチューハイの缶を軽く上げて賛成の意を示した。

「私も賛成！」

桃美さんと外資系女子が声を合わせて言った。外資系女子の瞳は、明らかに商社マンに対する好意で輝いていた。

キャリア女子が男を取り逃がすのも、草食系男子が結婚をしたがらないのも、結局は「頑張らない病」にかかっているからなのかもしれない、とボクは思った。しかし、ボクは、やはり結婚を否定したい気持ちに変わりはなかった。

40代女医は、忌々しいとでも言いたげな目つきで商社マンを睨んでいた。

## ◇頑張らない病を克服しよう！

日本酒は酔いのまわりが早い。チビチビ飲んでいたボクは、いつの間にか深く酩酊してしまったようだ。

そして、ボクは酔うとちょっとおかしな人間になる。

急に悲しくなった。商社マンの情熱的なスピーチのせいで、この場の空気が結婚して幸せな家庭を築こうというものになっている。だんだんと居場所がなくなりつつあり、押しつぶされそうな気分だった。

「高橋さん、どうしたんですか？」

桃美さんが、ボクを気づかって声をかけてくれた。

「ボク、ボク……。人は人を愛するために生まれてきたのかもしれないけど、結婚するのは狂気の沙汰だと思う。結婚とは腐敗した憎むべき旧石器時代の制度です」

メソメソしながらボクは言った。

「結婚ってそんなにツライものじゃないですよ。楽しいこともいっぱいあったでしょ」

「たしかに、楽しいこともありましたけど、ツライことのほうが多かったような気がする」

「高橋さんって、離婚したあと、娘さんを引き取ってシングルファザーとして育てたんですよね」

「最初は、元妻に親権があったんですが、娘が虐待を受けてまして、それで、娘が小学5年生のときにボクが引き取ったんです。高校生になったときは、毎朝お弁当をつくりました」

「苦労されたんですね。でも、その娘さんも、大学を卒業して、一人前になったんでしょ」

「はい」

「別れた奥さんは、いま、どうされているんですか?」

「6年前に死にました」

「え?」

桃美さんが一瞬、言葉を飲み込んだ。

ボクは、四谷でバーを開業していた。文章を教える文章バーというコンセプトが珍しくて、マスコミに取り上げられ、全国からファンが集まってきて、けっこう繁盛していたのだ。

8月のある夜、元妻が突然やってきた。新聞で見てびっくりしてやってきたというのだ。そして、元妻は、仕事に困っていること、コミュニケーション障害があって、職場の人たちとうまくやっていけず、クビになったこと、ボクの店で雇ってほしいということなどを語った。

元妻に客商売ができるわけがなかった。ボクは「お前を雇うなんて、あり得ない」と冷淡に断った。元妻は寂しそうに一人で西荻窪のアパートへ帰っていった。帰っても、誰もいないのだろう。

その後、元妻から「広島へ帰ろう」というメールが来た。元妻とは高校時代の同級生で、同じ広島出身だった。

広島へ帰ろうと言われても、無理に決まっている。ボクには仕事があるし、東京での暮らしが好きだった。

「娘に会わせてほしい」とのメールに「会いたくないと言っているよ。自業自得です。反省してください」とボクは返信した。それが、元妻との最後の交信だった。

その3カ月後に元妻は死んだ。司法解剖の結果通知には、「脱水症状」という死因が記載してあった。胃袋には食べ物がほとんど残っていなかったという。

亡くなって2週間後に発見された。異臭がするので、管理人が開けてみたら、窓辺に倒れている遺体があった。つまり、孤独死だ。

「もっと優しくしてあげればよかった。無理してでも、ボクが雇ってあげれば、孤独死なんて悲惨な死に方をしなくてすんだかもしれない。そんな罪悪感がボクを苦しめるんです」

ボクはそう言いながらオイオイと泣いた。

「結婚なんか、しないほうがいいんだ。結婚なんて、嫌いだ！」

桃美会の楽しい雰囲気を最終的にぶち壊したのは商社マンでもなければ、40代女医でもなかった。ボクの湿っぽい話に、部屋には葬式のような冷たい空気が流れていた。

# 5 キャリア女子が結婚までこぎつけるには？

## ◇一度も失敗しない人生が楽しいですか？

桃美さんは毎日、全国を飛び回っている。昨日、北海道で講演したかと思えば、今日は名古屋、明日は福岡と神出鬼没である。

一方、ボクは西新宿のオフィスで原稿を書くことが多い。月に2度か、3度、企業研修で出張することがあるが、たいがい日帰りである。企業研修といっても、ボクの場合は、レポート論文や報告書、メール文の書き方を講義するだけだ。

その日は京都へ出張だった。企業研修を終えて、20時ごろの新幹線に乗り22時には東京に到着する予定だった。

ホームで帰りの新幹線を待っているとき、後ろから声をかけられた。

「あらっ！　高橋さんじゃないですか？」

桃美さんだった。京都で仕事があって、これから帰るのだという。缶ビールとデパ地下の惣菜をいっぱい抱えていた。新幹線のなかで飲むのが桃美さんの出張のあとのささやかな楽しみだという。

同じ新幹線の同じ車両だった。席を代わってもらって、おしゃべりしながら帰りましょう、ということになった。

まさか、この新幹線のなかで、とんでもない事態が起こるなんて、このときのボクは気づきもしなかった。

二人は隣同士の座席について乾杯をした。

「それにしても、こんな偶然があるんですね。スゴイですね」

桃美さんは、両手で缶を持って上品にビールを飲む。５５１の豚まんを少しずつちぎって口に入れる。

「仕事のあとのビールは、うまいですね」

桃美さんが次々と、惣菜のパックを開けて、新幹線の小さなテーブルに並べた。

桃美さんのおつまみのセレクトはちょっと変わっていた。定番の「チーズ鱈」とか、

「柿の種」とか「さきいか」などはなかった。「生春巻き」「エビチリ」「ジャンバラヤ」「ペッパービーフ」「スモークタン、レモン風味」などだった。

酔いが廻ってくると、またキャリア女子の話になった。

「キャリア女子たちは、結婚するべきです」

と桃美さんが言えば、

「結婚するって正気ですか？」

とボクが応酬する。

「正気も正気、**結婚こそが幸せになるための唯一の道です！**」

そう言って、桃美さんは生春巻きを「どうぞ」とボクに渡してくれる。

上品な桃美さんには珍しく、デパ地下の惣菜をよく食べた。こんなに食べてもほっそりとしたウエストをしているから不思議な人だ。でも、あと10年もしたら体型が大きく崩れるかもしれない。いやいや、桃美さんなら、すさまじい努力をしていまの体型を維持するだろう。

努力か、と思った。

「でも、いまの世の中、キャリア女子が結婚までこぎつけるのは至難のワザですよ。デートしても、なかなか次のステージにいけずに、別れてしまうカップルは多いですからね。どうすればいいんでしょうか？」

「別れてもいいんですよ。**出会いと別れを経験することは自然なことなんです**から。出会いと別れを繰り返しながら、学べばいいんです。とにかく、誰かとつき合ってみないと、勉強にもならないでしょ。別れたら、自分の何がいけなかったのかを考えて、改善すればいいんです」

「結婚したら苦労するのが目に見えてるじゃないですか。なのに、何で結婚なんかするんでしょう？」

ボクは、缶ビールをゴクゴクと飲んだ。

桃美さんのスマホにご主人からメールが入ったようだ。

「主人が、婚活セミナーの日程が決まったって」桃美さんはスマホ画面をボクに見せて、ご主人からのメールの内容を言った。「場所とか時間とか、詳しい概要を主人からメールするように言っておくわね」

「ボクはまだ行くとは言ってませんよ」

「でも、主人は、ぜひ高橋さんにも、トークに出演してほしいって言ってましたよ」

「ボクが婚活セミナーのトークですか？」

「いいじゃないですか」

「でも、桃美さんご夫婦は、なぜそんなにキャリア女子たちに結婚させたがるんですか？　そっとしておけばいいじゃないですか。キャリア女子たちが結婚するのは大変なことですよ。無理させて苦しみを味あわせてどうするんですか？　それに、ボクみたいに一度失敗した人間にも、またチャレンジしろって言いますよね？」

「ほっておけないんです。これ、私の性格なんでしょうね」

「キャリア女子たちのために言います。ほっといてあげてください。日本中のキャリア女子たちを結婚させて悲しい思いをさせたくないし、苦労させたくもないです」

「高橋さん、それは違うと思いますよ。一度も失敗しない人生が楽しいですか？　苦労をしない人生でおもしろいですか？　悲しい思いをいっぱいして人間は強くなれるし、苦労をいっぱいして人間は成長するんじゃないんですか。**失敗を何度も繰り返して、人間は学ぶんです。**これって、高橋さんがセミナーで言ってたことですよ」

「そんなこと言ったかなぁ」

「私、高橋さんにもう一度チャレンジしてほしいんです」

「チャレンジって、結婚するってこと？　この年で？」

「結婚に年なんて関係ないですよ。私の知り合いで、岐阜に住んでいた60過ぎの老婦人の例がありますよ。ご主人は5年前に亡くなっていて、一人暮らしをしていたそうです。再婚相手はアメリカ人で、いまはニュージャージー州に住んでいるんです。出会いは何だったと思います？」

「岐阜とニュージャージー州を結ぶものですよね。何か仕事の関係ですか？」

「60過ぎのご婦人はアパレル関係の仕事をしていたんですけど、リタイアして、田舎で年金暮らしをしていたそうなんです。でも、10歳年下のアメリカ人と出会って、もう一度頑張ってみようって思ったそうなんです」

「どこで、出会ったんですか？」

「それがね。フェイスブックなんですよ。アメリカ人から友だち申請が来て、何度もメッセージのやり取りをして、アメリカ人男性がわざわざ岐阜まで来たそうよ」

「へえ。そういうこともあるんですね」

「それから、二人で会社をおこしたそうですよ。老婦人は洋服のセンスがあるので、高齢者向けの服を作ってネット販売するビジネスをはじめたの。アメリカ人男性はウェブデザイナーさんなんで、販売サイトを作ってるそうよ。これがけっこう売れるみたい」

「そうなんですか」

「小さな殻に閉じこもってないで、そろそろ外の世界へ飛び出してみませんか？　高橋さんには、もう一度、結婚してほしいなぁ」

「別にボクは殻に閉じこもっているわけじゃないですよ」

「文豪のゲーテは生涯で8回も結婚しているじゃないですか。9度目の恋のお相手は18歳の少女。ゲーテが73歳のとき一目ぼれして『マリーエンバートの悲歌』という詩を作っています。ゲーテが一目ぼれしたみたいですが、50歳以上も年齢差があるカップルに周囲も大反対したそうです。たった一度の人生ですよ。ゲーテみたいに、何度でも結婚すればいいじゃないですか」

「そうはいきませんよ」

「失敗を恐れては何もできません。リンカーンは8回も選挙に落選したそうですよ。何度落選してもあきらめずに挑戦し続けて、最後は歴史に名を残す大統領になった。エジソンは電球に適したエレメントを見つけるために1000回も実験して失敗しているんですよ。そのときのエジソンの名言はご存知でしょ？」

「ええ。私は失敗したわけではない。エレメントに適しない素材を見つけることに成功しただけだ」

「そう。そういうこと。人生って、**たくさんの失敗を経験して、いっぱい思い出を作って、いろんな人と恋をして、思う存分遊んだほうが楽しいでしょ**」

「でも……」

## ◇変化や違いを楽しめる感性を身に付けよう！

「完璧になろうとしなくていいんですよ。不完全なまま、自分をさらけ出し、悪いところは指摘してもらい、どんどん改善していきながら成長していけばいいじゃないですか？」

桃美さんは食べたあとの容器をゴミ袋に入れる。

「結婚することは、まだ認めていませんが、後学のために教えてください。キャリア女子たちは、どうやったら結婚までたどり着けるんでしょうか？　ノウハウがあるって、以前言ってましたよね」

「ええ。いいですよ」

「半年で9人の男性とお見合いをして、合コンは80回以上、デートは200回ほども経験している桃美さんにお聞きします。初デートから結婚まで、仕事を持ったキャリア女子が親密な関係になるためには、どうすればいいんでしょうか？」

以前、ボクは桃美さんから結婚までのプロセスを聞いたことがある。30歳までに結婚するという目標を立てて、その目標達成のために逆算して行動したという。

「そうねぇ」

桃美さんは、腕を組んで考え込む。「あ、そういえば！」と何か思い浮かんだようだ。

「私ね。婚活していて、何度も断ったんですね。これ以上ないっていうくらい完璧な男性もいたんです。背は高いしハンサムだし、高学歴で一流企業に勤めていて年収も高いし、将来も嘱望されている、そんな人を断ったとき、ふと、思ったんです」

「何を思ったんですか？」

「私、ほんとは、まだ本気で結婚したいと思ってないんだって」

「え？　どういうことですか？」

「つまり、私のなかで、何かが変わらないかぎり、どんなに婚活したってダメだってことに気づいたんです。努力は何の意味もない、無駄な時間とお金を浪費するだけ。お見合いやネット婚活をして、何十人も男性に会って、何が何だかわからなくなってしまった……という女性もかなりいるんですが、そういう人たちも同じだと思うんです」

「わかるような気がしますけど、どうすればいいんですか?」

少し沈黙したあと、桃美さんはこう言った。

「**変化や違いを楽しめる感性を持つ**ことかな」

「変化や違いを楽しめる感性?」

「レイチェル・カーソン(環境問題を告発した生物学者)が若い母親たちにこんな言葉を残しているんです。『生涯消えることのないセンス・オブ・ワンダー、神秘や不思議さに目を見張る感性を、子どもたちに授けてほしい』って」

「センス・オブ・ワンダーと結婚がどう関係するんですか?」

「世界中でもっとも神秘で不思議な存在って人間だと思いませんか?」

「ええ、まあ。そうですね」

ボクはあいまいな返事をした。

「自分の内面のちょっとした変化や、他人と自分との違いを見つけて、わぁ！　面白い！　スゴイ！　って驚くような感性を身に付ければ、人間関係も結婚も仕事も、すべてうまくいくってことです」

「そんな、簡単な話じゃないでしょ？」

「相手の変化を見つけて感動してもいいし、男と女の違いを見つけてビックリしてもいいですよね。私は床に服を脱ぎ散らかしても平気でいられるけど、主人は絶対にダメみたいなんです。でも、へえ、私たちって、**こんな違いがあるんだね、おもしろいね、って思える感性が持てたらいい**と思いませんか？」

「感性ねぇ」

「はじめてのデートでも、変化や違いを楽しめる感性を持てば、緊張もとけて楽しくなりますよ。たとえば、こちらはハイヒールなのに、男性の歩くスピードがやたらと速いときってありますよね。普通は、何なのこの人、気配りのカケラもない人だなと怒ってしまうでしょう。『もう少しゆっくり歩いてください』というセリフもトゲのあるものになってしまいますよね」

「たしかにそうですね」

「でも、そこを、『へえ、この人と私の歩く速度がこんなに違うんだ』と感心することもできます。そういう感性を持てば、この人は、何で速く歩くんだろう？　緊張してるのかなぁ、単純に気づかないだけなのかなぁ、と考えますよね。だから、『もう少しゆっくり歩いてください』というセリフも、明るく笑いながら言えるはずです。同じセリフでも、怒って言うセリフと、笑いながら言うセリフと、どちらが相手に伝わるでしょうか？」

「どちらでも、男はゆっくり歩いてくれると思うけど、怒りながら言われると、カチンときますよね」

「でしょ。変化や違いを楽しめる感性って重要だと思いませんか？」

「まあ、そうですね」

「この感性が身につくと、その後、相手がゆっくり歩いてくれたら、感動するでしょ。わぁ、スゴイ、相手が変わってくれたってね」

「相手が変化してくれたら嬉しいでしょうね。でも、そう簡単に変化するもんじゃないですからね」

「自分の変化にも目を見張ってほしいんですね。自分が変化すれば、必ず周囲も変わりますから」

「だから、何度も言ってるけど、そんな、簡単な話じゃないですよ。結婚は」

「簡単じゃないけど、あきらめちゃダメなんです。ちょっとした変化に目を見張って感動すればいいんですよ。私の場合は、婚活のデートやお見合いを60回ほど、デートも200回ほどしてみて、自分の内面に気づきました。なぁ～んだ、自分は結婚したいと思っていなかったんだって。30歳までに結婚するぞって目標を決めて、そのために努力したけど、心底したいとは思っていなかったんだと思ったんです。この心境の変化に、ビックリしました。ビックリしたと同時に、おもしろいなぁと思ったんです。

結婚相手を見つけるために、頑張ってきたけど、自分の人生を変えることにすごく臆病になっている自分がそこにいました。そこで、冷静になって考える時間ができたんです。このまま、**独身で過ごす生活と、結婚して家庭を築く生活、どっちが楽しいだろう**って考えてみました。いまのまま変わらない生活よりも、大きく変わる生活のほうが楽しそうだって思ったんです」

「変化を楽しむ感性ってことですね」

「だって、そうでしょ。毎日、違うことが起こる生活のほうが楽しいじゃないですか」

「毎日、同じことの繰り返しのほうが楽ですけどね」

「楽しいですか？」

「楽しいですよ。毎日、同じ仕事をして、毎日、同じ場所を散歩して、毎日、同じ人と挨拶するのって、楽でいいじゃないですか？」

「嘘ばっかり。たまには、違った人と会ってみたいでしょう」

「そんな危険なことしません」

「ま、感性ってことですね。**変化や違いを楽しむ感性を身に付ければ、人間関係も結婚も必ずうまくいきます**」

「どうやって身に付けるんですか？」

「練習ですよ。自分の変化を楽しめばいいんです。ちょっとした心の変化を見つけて、スゴイ！　こんなに変化があったんだ！　って目を見張るんですよ。私の場合、自分は結婚したいと心底思っていないってことに気づいたことも変化ですよね。この変化におもしろいって思いましたね」

「そりゃ、そうですよ。結婚相手を見つけるために200回もデートしたのに、結局、心の底では、結婚したいと思っていなかったなんて、笑えますよ」

「でも、そうやって、自分の内面を日々チェックして、**ちょっとした変化に目を見張るんです**。そうすれば、変化を怖がる気持ちがなくなり、ワクワクするようになります」

「変化が怖くなくなるってことですか？」

「私は、婚活しているときに、ふと立ち止まって、自分の内面をチェックしてみたんですよ。それで、自問自答してみました。『自分は今、本当はどうしたいのか？　人や周りに影響されていないか？』そして、自分は変化を望んでいるということを再確認したんです。すると奇蹟が起こるんですね」

「奇蹟？」

「ええ」

「どんな奇蹟ですか？」

「いまの主人と出会ったんです。出会ったといっても、ずっと前から知っていて、一緒に仕事をする仲だったんですけど、プロポーズされて結婚することになったんです」

「なるほど」

「ホント、不思議なんですよ。年も離れているし、顔も、あまりハンサムじゃないけど、妙に惹かれたんです。婚活に必死だったころの私だったら、絶対に選ばない人ですよ。だって、自分の気になる男性のことで彼に一度、相談したこともあるくらいなんですから。でも、その自分の変化がまたおもしろいって思ったんです。魂で選んだってことだと思うんですけど、それって、この感性で選んだってことですよね」

「なるほど。**自分の内面の変化を楽しむ**ってことですね」

「そうです。自分が変化しているって思うと楽しいし、ワクワクすると思いませんか」

「あんまり、思いませんけど」

「高橋さんって、成長したいとかもっと楽しくなりたいという気持ちはないんですか?」

「成長って、そもそも何ですか?」

「いままでできなかったことが、できるようになるってことですよ。いままで人間関係でイライラしていたことが、イライラしなくなったというのも成長だし、会話が足りなかったカップルが会話するようになったというのも成長ですよね」

## ◇「依存」と「自立」を上手に使い分ける！

「付き合いはじめて2カ月くらい経過したカップルが、次のステージにいくために、どうすればいいか教えてくれませんか？　何かコツがあるんでしょうか？　キャリア女子たちは、そのへんで悩んでいると思うんですけどねぇ」

だいたい2カ月か3カ月で最初の危機がやってくる。

付き合いはじめても2カ月ほどすると、マンネリがやってくるし、男が距離を置きたくなるものだ。

この時期をうまく乗り越えると、親密なカップルへとステージアップできる。

「依存と自立って考えたことがありますか？」

「依存と自立？　それが恋愛と、どう関係するんですか？」

「赤ちゃんのときは、完全なる依存の状態です。100％依存ですよね。それから、小学1年生くらいになったとき、学校の先生から『自分のことは自分でしましょうね』ということを教わり、少しずつ自立していきます。自分一人で生きていられるようになり、はじめて、他人を助けることができるようになるんです。守られる側から守る側への転換が大人になるということだと思います」

「人間は、自立できるように頑張って成長するわけですよね」

「でも、自立した者同士が一緒に暮らすとうまくいくと思うでしょ？」

「もちろんですよ」

「でもね。これが、うまくいかないんですよ」

「え？　どういうことですか？」

「**自立した者同士が一緒に暮らしていると、どちらかが依存体質に変わっていく**んです。それが、人間の社会なんですねぇ」

「よくわからないですねぇ」

「働き者の代名詞のようなアリですが、実は一生懸命働いているアリが全体のわずか3％しかいないということがアリゾナ大学の研究チームが解明しているんです。25％はまったく動かず、72％は半分以上怠けていることがわかったんです。ビックリですよね。あのアリが怠けているんですよ。でもね、働き者のアリだけを集めて集団をつくると、やはり、働くアリと怠けるアリが明確に分かれていくそうなんです」

「それって、どういうことですか？」

「怠けることも、仕事なんですよ。みんなが働いて、体力を失ってしまったら、もしものときにどうにもならなくなってしまいます。ある意味、危機管理ということもいえます。いざというとき、体力を温存していたアリが働くわけです。そうやって、集団内でバランスを取るように、できているんです」

「で、それが、恋愛とどう関係があるんですか？」

「つまり、自立しようと頑張っている人は、時には怠けて依存する人になってもいいんじゃないかってことです。二人とも自立していると、一方が怠ける役目を担うことになるでしょ。だから、**ときどき役割を交代するとうまくいく**というわけ」

「具体的にデートではどうすればいいんですか？」

「たとえば、多くの人は自立しなきゃいけないと思っていると思うんですけど、たまには甘えた依存人間になってもいいってことです。逆にこっちが依存人間になると、相手は一生懸命自立人間になろうと努力しますよね。つまり、カップル間でバランスを取ろうとするんです」

「具体的にどうすればいいんでしょうか？」

「いつもいつも男の人にお会計をお願いしていたら、たまには女性が『私が支払うわ』とか、サプライズでなにかしてみるとかです。お店の予約とか、料理の注文とか、いつもは男性の役目かもしれないけど、たまには女性がやってみてもいいんじゃないでしょうか。『お願い。今日は、私にやらせて』って言えばいいだけです。そうやって、男性を甘やかせてあげてほしいんです」

「なるほど、それは男にとっては嬉しいかもしれませんね」

「男性のほうも、いつも女性がやってくれているようなことをやってみてほしいんですよね」

「たとえば、どんなことですか?」

「思いっきりおしゃれするとか、手料理を作ってみるとか、自分の変化を楽しんでみるといいと思いますよ」

「そんなことできるんでしょうか?」

「そうですね。**自立と依存をたまにでいいので、交代してみる**といいと思いますよ」

「交代ねぇ。なかなかできそうにないですけどねぇ」

「できますよ。ゴッコ遊びでいいんですよ。自立していた人は、1日くらい甘えてみればいいんです。逆にいつも甘えたことばっかり言っている人は、たまには自立した姿を見せてあげるんですよ。そのギャップに相手はググッときますよ」

「でも、相手が受け入れてくれなかったらどうするんですか？　今日は、甘えてみたいなぁと思って、彼女に、ここの会計、お願いね、って言ったら、それっきり連絡が取れなくなるかもしれませんよ」

「自立と依存の交代ゴッコだって話せばいいじゃないですか」

「ゴッコ遊びに乗ってくれない可能性だってありますよ」

「簡単ですよ。守られる側の人間から、守る側の人間へと意識を変えればいいだけのことです」

「意識を変えるって、簡単に言われてもねぇ……」

ボクは何気なく新幹線の窓に目を移した。ボクが窓際で、桃美さんは通路側に座っている。

新幹線の窓に雨だれが付着した。外は雨が降っているようだ。

どこだろう。名古屋を過ぎてかなりたつので、富士山を通過したころだろう。夜なので、富士山は見えない。富士山がライトアップされていたとしても、雨だから見えないだろう。

「台風が東京を直撃しているみたいですよ」

桃美さんがおもしろそうに言った。

この嵐は、のちに来る桃美さんの大噴火の前兆だったような気がする。まさか、ボクが台風をおもしろがるような天真爛漫で常にポジティブな桃美さんの地雷を踏んでしまうとは、思いもよらなかったのである。

## ◇結婚までの面倒臭いプロセスを楽しくする方法

「結婚するまでには、面倒臭いプロセスがいっぱいあるでしょ？　それをどうすればいいんですかねぇ」

ボクはスモークタンを1枚つまんで苦笑した。

「面倒臭いことはやらなくていいんですよ。**やりたいなと思ったことだけをすればいいじゃないですか**」

「でも、男はまだいいですけど、仕事を持ったキャリア女子たちは、大変じゃないですか。ボクはキャリア女子たちの代弁者として、桃美さんに結婚を強要するのはやめてくださいと申し上げます」

「別に強要なんかしていませんよ。結婚って素敵ですよ、ぜひやってみませんか？　とおススメしているだけです」

「それが、強要なんですよ！」

「でも、キャリア女子が結婚するまでに、どんな大変なことがありますか？」

「まずは、男にプロポーズさせるまでの道のりですよ。この道のりがけっこう険しくて遠くないですか？」

「だから、そんなことは、**こっちの意識が変わればあっという間ですよ**」

「フルタイムの仕事で疲れているし、デートの時間を作るのも大変ななか、何とかスケジュールを合わせて親密になっていくわけですよ。お互いの誕生日にはプレゼントをあげたり、もらったりして。クリスマスやら、バレンタインやら、1年間のイベントを何とか、そつなくこなして、それでも、男がプロポーズしてくれなかったらどうすればいいんですか？」

「どんな大変なことがあるんですか？」

「誕生日といえば、何をプレゼントすればいいか悩むじゃないですか。手編みのセーターなんかだと男は引くでしょ。かといって、安物のネクタイなんかプレゼントしても喜ばないし、キャリア女子はいろいろ考えるじゃないですか」

「私は、誕生日のプレゼントで悩んだりしませんよ。適当に買って、適当に渡してますけど……」

「バレンタインのチョコとかって、キャリア女子たちは、手作りするじゃないですか。仕事も大変なのに、時間のないなか、よくできるなぁって感心しますよ」

「面倒臭かったらやらなきゃいいんですよ。私なんか、夫は甘いもの、チョコなんていらないというので、貰い物の小箱に『私』と紙に書いて入れたものを渡しましたよ」

「日本中がバレンタインで盛り上がってるのに、何もしないわけにはいかないでしょ」

「どうしてですか？」

「愛がないと思われるでしょ」

「高橋さんはどうですか？　付き合ってる彼女がバレンタインでチョコをくれなかったら、愛がないと思いますか？」

「別に思わないですけど」

「誕生日会とか、クリスマス会とか、バレンタインとか、やりたければやればいいけど、やりたくなかったらやらなきゃいいんですよ。仕事に集中したいと思ったら、集中すればいいじゃないですか。なんで、できないんですか？」

「でも、そんなこと言ってたら、親密な関係になれないでしょ。男も女もお互いに仕事を持っていたら、デートのスケジュール調整も大変だし、たまに会ってるようじゃ、なかなか親密になれないですしね」

「熱く燃え上がって、真夜中に会いに行きたくなるかもしれませんよ」

「そんな10代のときのような感覚にはなりませんよ。それに、真夜中に会いに行ってたりしたらストーカーですよ」

「電話やメールなどで愛を深めることだってできますよ。お互いのことを深く知り合うこともできるじゃないですか？」

「メールでどんなことを話せばいいんですか？」

「仕事のこととか、結婚のこととか、幼いころのこととか、何でも話したいことを話せばいいし、聞きたいことを聞けばいいじゃないですか」

「メールで愛は深まりますかねぇ？」

「深まりますよ」

「でも、やっぱり、会っておしゃべりするのがいちばんなんでしょ？」

「もちろんそうですけど、仕事が忙しくて会えないことだってあるでしょ？　マンガ家の手塚治虫さんは、仕事が忙しくてなかなかデートができなかったそうですよ。デートの約束をしても日程変更は当たり前で、デートしたとしても、手塚先生は奥様の前でこっくりこっくりと居眠りしていたそうです」

「いまどきのキャリア女子は、そういう男性とは結婚しないでしょ」

「私が言いたいのは、**ありのままの姿をさらけ出せばいいし、そのなかで精一杯の誠意を見せればいい**ってことなんです。それでダメなら、また次の人を探せばいいだけじゃないですか。逆に高橋さんだったら、どうですか？　そういう女性がいたら、親密になれますか？」

「ボクですか？　なかなか会えないんじゃ、進展の余地はないですね」

「じゃ、高橋さんは、何度もデートを重ねて、1年間のイベントもそつなくこなして、やっと親密になると考える派ですね」

「親密になるには、直接的接触頻度が重要だと考えます。何度も会わなきゃダメでしよ」

「その意見には真っ向から反論させていただきます。接触頻度は、メールや電話でもOKだと考えます。私は、**会話の内容が重要**だと考える派です」

「ほう、それはどういうことですか？」

「1年間交際してもわかり合えないカップルがいます。一方で、たった一度のデートでわかり合えるカップルもいるんです。この違いは何だと思いますか？」

「フィーリングが合ったってことでしょうかねぇ」

「違います。会話の内容が違うんです」

「それは、新説ですね。実に興味深い。桃美さんの持論を拝聴しましょうか？」

「そもそも、何回デートしたとしても、突っ込んだ話ができなければ親密な関係にはなれません。たとえセックスしたとしても、生き方とか、結婚とか、仕事とか、そういう話題を話し合わなければ親密な関係にはなれないと思いませんか？」

「桃美さんが常々言っている、何でも言い合える関係になるってことですか？」

「そうです。**何でも言い合える関係になるには、突っ込んだ会話をする**ことです。それって、忙しくて時間がなくてもできるじゃないですか」

「それはそうですけど、具体的にどんな会話をすればいいんですか？」

「心理学者のリチャード・ワイズマンさんが著書『その科学が成功を決める』のなかで、親密な関係になるには、こんな質問をするといいと紹介しています」

桃美さんは、スマホに入れている、その質問を読み上げる。夫婦で婚活セミナーをするといっていたが、そのためにいろいろと調べていて、重要な言葉はスマホに入れているようだった。

［質問1］空想のパーティで、ホスト役の自分が歴史上のどんな人でも呼べるとしたら、誰を呼びたい？

［質問2］いちばん最近自分に向かって話しかけたのは、いつ？

［質問3］自分は運がいいと思えることを、二つあげるとしたら？

［質問4］これまでずっとしたいと思ってきたことは？　そして、これまでできなかった理由は？

［質問5］自分の家が火事になり、一つしか物を持ち出せないとしたら、何を選ぶ？

［質問6］これまでいちばん幸せだったことは？

「たとえば、ネットでこんな質問を見つけたんだけど、アナタなら、どう答える？　って質問してもいいし、自分なりに言い回しを変えて質問してもいいと思います」

「なるほど、こうした質問をすると、少しは親密な関係になれるかもしれませんね」

「質問するだけでは、いけません。自己開示することも重要です。自分の過去の話や出自についてとか、感じたことや考えていることなども相手に話すといいと思います。これについても、ワイズマン博士が具体的に提案してくれています」

●話すこと
【1】自分について知ってもらいたいいちばん大事なことを話す。

【2】デートの相手について、自分が心から好きな点を二つ言う。

【3】これまでに自分が体験したいちばん恥ずかしい出来事を話す。

【4】いま抱えている個人的な問題を打ち明け、デートの相手に解決法を相談する。


「これは、あくまでも英国のワイズマン博士が提案するものであって、日本人にはピッタリ来ないかもしれません。しかし、突っ込んだ話をするかどうかが、親密度を深めるための重要な要素であることは理解していただけましたか？」

「わかったような、わからないような、妙な気分ですねぇ」

そのとき、車内販売のワゴンがやってきた。ボクは缶ビールを4本買って、桃美さんとボクと2本ずつ渡した。

「仕事が忙しくても親密になれるということはわかりました。では、次にお聞きしますが、男女が親密な関係になったとして、いざ、結婚するとなると、どうでしょうか？プロポーズから結婚まで、気が遠くなるようなプロセスが待ってますよね」

「何で、気が遠くなるんですか。楽しくてワクワクしますよ！」

「仕事が忙しいのに、そんな面倒臭いことやってられますか？」

「そんなに面倒臭いですか？」

「先方の親に挨拶に行かなきゃいけないでしょ。結納とか、式場選びとか、結婚式とか、新婚旅行とか、新居も探さなきゃいけないですからね。仕事だけで、手一杯なのに、どうするんですか？」

「私の知り合いで、旦那さんがＩＴ関係の仕事をしていて、土日もなく働いているというご夫婦がいます。結婚式の当日にシステムエラーが起こって、ご主人はトラブル処理に式場から礼服のまま駆けつけたそうですよ。披露宴は新婦だけで、新郎がいないんです。参加者はみんな唖然としていたそうですが、案外そういうこともいい思い出になるんじゃないですか？」

「そうは言っても、結婚式はちゃんと挙げたいじゃないですか。結納だって、両親の挨拶だって、ちゃんとしなきゃダメでしょ」

「ダメだって考えてるのは、案外、高橋さんぐらいじゃないですか？　結納だって、親への挨拶だって、そもそも結婚式だって、面倒だったらやらなくていいじゃないですか」

「やらないという選択肢があるんですか？」

「ありますよ。私の夫は、結納はしないというので、しませんでしたし、市役所か区役所へ婚姻届けを出すだけで終わりという結婚でもいいじゃないですか。何か問題がありますか？　時代は変わってるんだし、臨機応変に変えていかなきゃいけないんですよ」

「かなり勇気がいるなぁ」

「そうですか？　他人と違うことをする勇気ですか？」

「ま、そうですよね。周囲が結婚式を挙げてるのに、自分たちだけ挙げないというのは、どうなんでしょうか？」

「要は知恵を働かせればいいだけのことです。仕事が忙しいからダメだとか、お金がないからと、あきらめるんじゃなくて、知恵を出して前進すればいいんです。**どんな問題だって、勇気と知恵があれば、必ず解決します！**」

## ◇ラブパワーこそがお金を引き寄せる！

「勇気と知恵ねぇ」

ボクは忸怩《じくじ》たる思いを嚙みしめながらビールをゆっくりと飲んだ。

ディズニーランドのキャストが話す臭いセリフのようだ。「さあ、みんな、勇気と知恵を持って、悪い奴らをやっつけよう！　勇者となって戦ってくれるお友だちはどこにいるのかなぁ？　戦ってくれるちびっ子は手を挙げて？」。そして、子どもたちが、元気よく手を挙げて舞台に上がるのだ。そして、剣を持って悪者をやっつける。

しかし、現実社会はそんなに甘くはない。勇気と知恵で簡単に解決する問題なんてどこにもないのだ。そもそも、勇気なんて簡単に出せるわけがないし、知恵も湧いてこない。

「じつは、**勇気も知恵も、ラブパワーがあれば、簡単に湧き出てきますよ**。まるで清水が湧くようにね」

「ラブパワーですか。また、突拍子もないことを言いだしましたね」

「突拍子もないですよ。ラブパワーはスゴイんですよ」

「ラブパワーって何ですか？」

「好きな人とハグすると、ラブパワーがチャージできるんです！」

「おまじないをかけると、かぼちゃが馬車になる、みたいな、ディズニー的な発想は、やめてもらってもいいですか？」

「ディズニー的な発想を認めてもらってもいいですか？」

冗談のつもりで桃美さんはそう言って、おもしろそうに笑った。

「ハグすると力が湧くってことですか？」

「そうですよ。スキンシップには理屈を超えた物凄い力があるんです。たぶん、偉い学者さんが、いずれ科学的に証明してくれると思います。**ハグすると勇気と知恵が湧**

いてくることを！」

「そんな、バカな」

「バカじゃありませんよ。ダイバーシティ・マネジメントの観点からも愛し合う男女がハグすることは物凄い強みになります」

「ダイバーシティ・マネジメント？」

「多様性をマネジメントするということです。多様性というのは、人材の多様性です。性別や国籍、人種、経歴、年齢、文化、その他の違いを取り入れた『多様な人材のいる組織』と『均質な人材のいる組織』とでは生産性が大きく違ってくるということです」

簡単に言うと、均一な流れ作業をするときは「均質な人材のいる組織」のほうが生産性は高くなるが、それ以外の作業は「多様な人材のいる組織」のほうがパフォーマンスが高くなるということだ。

主に、次の3つの分野で「多様な人材のいる組織」のほうに優位性が認められている。

### (1) アイデア創出

ビジネスの世界では優秀なアイデアが出せるかどうかが生命線となる。同じことを誰よりも早く、誰よりもたくさんやったとしても、何の役にも立たないのだ。過去、電話営業で成功したからといって、毎日、何千件、何万件と電話したところで、うまくいくわけがない。消費者へのアプローチの方法も時代とともに変化しているのだ。だから、いち早く時代の変化を察知して、新しいアイデアを創出しなければいけない。

アイデアを創出するとき、「均質な人材のいる組織」だと、均質なアイデアしか出てこないだろう。しかし、「多様な人材のいる組織」は、色とりどりの多種多彩なアイデアが出てくる。後者のほうが質の高いアイデアが創出できることは言うまでもない。

### (2) 市場アクセス

「多様な人材のいる組織」のほうが市場とのパイプは多くなる。若い男性しかいない「均質な人材のいる組織」がイベントを開いた場合、お客様は自動的に若い男性ばかりになる。しかし、「多様な人材のいる組織」は多彩なお客様を引き寄せることができる。

組織のなかに高齢者がいれば、高齢者のアイデアをイベントのなかに取り入れることができるし、女性がいれば、女性の気遣いが隅々に行き届くはずだ。そして、お客様も、若い男性だけでなく、高齢者や女性たちも参加してくれるだろう。

たとえば、桃美さんが一人で婚活セミナーをやった場合、主催者であり講師である桃美さんが30代の女性であることから、自動的に参加者も30代女性が中心になる傾向がある。しかし、40代の男性であるご主人とジョイントセミナーを開催すれば、40代男性のお客様も参加しやすくなる。ダイバーシティにはそういう相乗効果が期待できるのだ。

## (3) 変革と成長

「均質な人材のいる組織」には、暗黙の了解というものが存在する。何も言わなくても理解し合うというやつだ。均一な流れ作業をするときは、それでもいいだろう。毎日、同じメンバーで、同じ作業をするのだから、コミュニケーションも必要はない。

しかし、そんな仕事は年々減少している。ロボットや機械に代用できるからだ。

ロボットや機械では絶対に代用できないような仕事は、変化に富んでいる。昨日まで鉄道職員だったのが、今日からレストランのホール担当にならなければいけなかったりする。新規見込み客へのアプローチ方法も、飛び込みの電話営業や訪問販売だったのが、インターネットを活用したものに変化していく。

変化に富んだ世界では、「多様な人材のいる組織」のほうが優位だ。自分とまったく違う人間が組織内にいると、すばやく学び、すばやく変化し、すばやく成長できるからだ。

ただし、「多様な人材のいる組織」では暗黙の了解は通じない。密度の濃いコミュニケーションが必要だし、ときには衝突もあるだろう。いくら衝突して喧嘩したとしても、同じ目標に向かって仲直りするというルールも必要となる。

「そして、究極のダイバーシティは性別なんです。専門用語でいうとジェンダー・ダイバーシティです」

「ジェンダー・ダイバーシティ？」

「男女混合の組織ということです。人種や国籍、年齢の違いと言っても、男女の違いに比べると大した違いはありません。男女の違いこそが究極のダイバーシティだってことです」

「なるほど」

「ですから、男女の違いを乗り越えると、すべてのダイバーシティを凌駕できるということです」

「つまり、結婚すれば、ビジネスで成功するということですか？」

「そうです。**結婚して男女が一緒に住むということは、『アイデアの創出』『市場アクセス』『変革と成長』の三つのメリットがあります。**つまり、ビジネスにメチャクチャ役立つということです」

「なるほど。結婚すると、毎日ハグできるのでラブパワーが充溢するわけですね。しかも、ダイバーシティ・マネジメントの観点からも、仕事に役立つと言いたいんですね。でも、そんなことは、すべて机上の空論でしょ。実際には、喧嘩して、離婚するのが関の山ですよ」

ボクは痛烈な一撃を打ったと思った。

新幹線の外の雨はますます激しくなっていた。

## ◇ポイントは何でも言い合えるルール作り！

「男女の違いを喧嘩の種にするのではなくて、仕事や生活に生かしていけばいいんですよ」

桃美さんは食い下がる。

「毎日、衝突ばかり起こしていると気が滅入ってしまい、精神障害を起こしますよ。ストレスもたまるでしょうし、やる気もなくなってしまうんじゃないですか？」

ボクはグイグイ押し気味に話した。

「我慢しないで、何でも言い合えばいいんですよ。そんな簡単なことがなぜできないのかしら……？」

「桃美さんには簡単かもしれませんけど、多くの一般人にとっては、困難このうえないことなんですよ。いちいち相手のアラを指摘することになるでしょ。いちいち神経質だとか、お腹が出てるとか、食べるときには音を立てないでほしいとか、それで破局になることもあるじゃないですか。

昔、有名な野球選手の娘さんが、婚約破棄の記者会見で、『彼のそばを食べるときにズルズル音を立てるのが不快だったから』と破局の理由を語っていました。そんなちょっとしたことでも、口にしたら、終わりなんですよ」

「いえ、それは違います。**言いたいことを口にしないから破局する**んです。婚約破棄会見したカップルは、たぶん、日頃はお互いに我慢していたんじゃないですか。それで、会見のときはじめて本音を出したんだと思います。日頃から言い合える関係を築いていればいいんですよ」

「そんな関係が築けるわけがないですよ」

「難しいことじゃないですよ」

「難しいですよ！」

「意識して訓練すれば、簡単ですって」

「どうすればいいんですか？」

「二人の間でルールを作ればいいんです」

「どんなルールを作るんですか？」

「これは、大橋巨泉さんご夫婦が作っていたルールなんですけど、たった二つだけのルールです」

「どんなルールですか?」

「知りたいですか?」

「知りたいです」

「一つ目は、喧嘩は翌日に持ち越さない」

「二つ目は、何ですか?」

「二つ目は、『ごめんなさい』と言ったら、それ以上追及しない。たったそれだけ」

「そんなルールが通用するんでしょうか?」

「大橋巨泉さんがこんな言葉を残しています。『人間というのは、生まれてくるときも死ぬときも、たった一人だ。だから、せめて生きている間だけでも心を許し合えるパートナーと仲よくしていたいとボクは思う。一度きりの人生、その選択として、いいパートナーと過ごす人生こそ価値あるものだ、という考えは永遠に変わらない』そして、巨泉さんは、パートナーは男でも女でもかまわない。同性でもいいし、結婚していても、していなくてもいいって言ってます。スゴクないですか?」

「スゴクないです!」

「思っていることを言わなきゃ、ホントのパートナーじゃないですよ。**何も言わないのは、ホントの優しさじゃない**と思います」

「じゃ、いま、ボクが思っていることを率直に言っていいですか？」

「大丈夫ですよ」

「ホントに？」

「大丈夫ですから、言ってみてください」

「桃美さん夫婦って、絶対にご主人が我慢していると思います」

「たしかに周りは、夫が自由奔放な私に振り回されてると思っている人もいますが、主人も私にはちゃんと言いたいこと言ってますよ。内にためないようにしようって、いつも話し合ってますから」

「ご主人が隠れて不倫していたらどうしますか？」

「主人に限って、そんなことは絶対にありません」

「女性たちは、みんなそう言うんですよ。でもね、男はみんなスケベな人種ですからね。３日やらなかったら、精子タンクがいっぱいになるんです。お子さまが生まれたときは、どうしてましたか？　桃美さんも、仕事がら素敵な男性との出会いも多いでしょ。じつは、こそこそ妻子ある男性と不倫とかしてるんじゃないですか？　それとも、ちょくちょく若い男をつまんでるんですか？」

ボクは調子に乗っていた。桃美さんをおちょくるような口調になっていたようだ。

「……」

桃美さんが言葉を失う。珍しいことだった。

「どうしました？　思い当たるフシがありますか？　やっぱり、ご主人は不倫しているんですよ。だんだん、そんな気になったでしょ」

「……」

普段の桃美さんなら、ここで反論するはずだ。

しかし、この日の桃美さんは黙ったまま、唇を震わせていた。

ここでボクは気づけばよかったのだ。この「不倫」という言葉が桃美さんの地雷だってことに……。

桃美さんは立ち上がり、荷物をまとめはじめる。何も言わない。1分1秒でも沈黙していられないような人が、さっきから何もしゃべらない。

鼻をすする音がした。

え？　と思った。桃美さんが泣いている。まさか、でも……。たしかに、桃美さんは泣いていた。

新幹線が新横浜駅に滑り込む。

「すみません」

桃美さんは、荷物を持って新幹線から降りて行った。

たしか桃美さんは東京駅まで乗る予定だったはずだ。なのに新横浜で降りてしまった。

ボクと同席することが耐えられなくなったのだろう。

ボクが地雷を踏んでしまったばっかりに、桃美さんを泣かしてしまったのだ。

どうしよう？

後悔の念がボクの胸に去来した。ご主人が不倫しているなんて、言わなければよかった。そもそも、不倫の証拠もなにもない、思い付きで言っただけなのだ。

まさか、ホントにご主人が不倫をしているのか？

そんなバカな！

それにしても「桃美さんも妻子ある男性と不倫してるんでしょ？」とは、言い過ぎた。

何で、ボクは桃美さんを傷つけるようなことを言ってしまったのだろう。口は災いのもとだ。言葉は恐ろしい。どんなに親しい仲でも、絶対に言ってはいけないことはあるのだ。

ここは、謝るしかないだろう。

何て謝ればいいいんだ？

ボクはオシッコを漏らしそうなほど動揺していた。

新幹線が東京駅に止まる。外は台風の雨と暴風が吹き荒れていた。ホームに立つとき、足がもつれて転びそうになった。中央線に乗って新宿へ向かう。足が震えて立つのもやっとの状態だったので、つり革を持つ手に力を入れた。

ＪＲ新宿駅から歩いた。自宅まで徒歩15分くらいだ。傘もなく、ずぶ濡れで歩いた。青梅街道の成子坂を下っているときスマホにメールが入った。桃美さんのご主人だった。

――婚活セミナーの日程を送ります。ご予定はいかがですか？

どうしよう？

何て返事を書けばいいんだ？

ボクは、立ち止まり、青梅街道沿いの高層ビルの通路に入り、階段のところに尻を乗せて休んだ。

――さっきまで、奥様と新幹線でご一緒していました。そこで、ボクが、失礼なことを言ってしまいまして、奥様を泣かせてしまいました。申し訳ございません。

送ってから後悔した。

いい年こいて、メールで謝るというのはどうなんだ？

しかも、本人じゃなくて、ご主人に謝罪するなんて大人のすることか？　もらったメールの返信で謝罪文を送るというのも失礼ではないか？

そもそも、この謝罪の文章はどうなんだ？　文章の専門家の書いた文章とは思えないぞ。ボクは高層ビルの通路の外の雨脚を眺めた。白い水煙が立ち激しい雨がアスファルトを叩いていた。

――ヨメのことだったら大丈夫ですよ。明日になったら、ケロッと忘れてますから。

――ボクが不倫のことを話題にしたものですから、それで桃美さんを傷つけてしまったみたいです。

——不倫に関しては、痛い思い出があるみたいですよ。それがトラウマになっているんじゃないでしょうか。

——どんなトラウマなんですか？

——それは、今度お会いしたときにお話しします。では、セミナー会場でお待ちしています。

——はい。

結局、セミナーに参加することになってしまった。

# 6 ✳ 億万長者と結婚した私の法則

## ♥法則1／男は男らしく、女は女らしく

桃美さん夫婦主催の婚活セミナーは10月第一週目の日曜日に開催された。10月とはいえ、まだまだ残暑の厳しい日だった。

ボクはこの1カ月間、悶々と暮らしていた。桃美さんに、まだちゃんと謝っていないからだ。気まずい関係のまま1カ月が過ぎてしまった。

いつもなら、放っておく。気まずい関係になった人は過去に何人もいる。飲み会で口論になってしまった相手とか、仕事上で言い争いになった相手とかだ。女性もいれば、男性もいる。いままでは、もう二度と会うこともないだろうと、気にせず、時がたてば忘れてしまうという方法をとっていた。

しかし、その方法だと、抜本的な解決は何もできていない。久しぶりに、その相手と会うと、やはり気まずい思いをするのだ。

桃美さんとは、コラボした仕事があるので、今後も会う機会があるだろう。二度と会わないだろうと受け流すわけにはいかないのだ。かといって、どうすればいいかわからない。そんな状態のまま、悶々と1カ月を過ごしてしまった。

渋谷駅から宮益坂を上っていく。足が重い。スマホの地図をたよりに目的のビルを見つける。時間は15時開始の5分前だ。

エレベーターで6階へ上がる。セミナールームの入口に桃美さんが出迎えのために立っていた。参加者が続々入っていく。桃美さんはその一人ひとりに声をかけている。なかには、女性客とハグする場面もあった。これが、おもてなしの心なんだろうなぁと思った。

桃美さんが、ボクを見つける。

「わぁ。高橋さん、来てくださったんですね。お忙しいのにありがとうございます」

明るい笑顔で言った。

1カ月前のわだかまりはまったくなかった。いや、ないように見えただけだ。ないわけがないだろう。新幹線のなかで泣いたんだから。しかも、新横浜で降りてしまったんだから、ボクはそうとう傷つけたはずだ。

あの笑顔は営業スマイルなのだろうか？　それとも、本当に、ご主人の言うようにケロッと忘れてしまっているのだろうか？

たしか、ご主人は、桃美さんには、不倫に関する強烈なトラウマがあるとメールで言っていた。いったい、どんなトラウマなのだろうか？

桃美さんには、トラウマになるほどのツライ過去があるということだ。裕福な家庭に生まれて、何不自由なく育ってきた人のように見えるが、実際はどうなんだろう？ビジネスの才能もあるし、お金持ちと結婚したわけだから順風満帆の人生ではないか。そこに、どんなツライ体験があるというのだろうか。苦労のかけらもないような人生に思える。

ボクは「どうも」とだけ言って、すぐに会場のなかに入った。桃美さんと会話するのが耐えられなかった。

ボクは後ろから3番目の端の席に座った。２００人ほど入る会場が満席だった。しばらくして、セミナーがはじまった。

最初の1時間はご主人が担当した。テーマは「カップル間のコミュニケーションで収入が上がる」だった。実際に、カップル間でどんなことを話せばいいのかというスクリプトがあって、それを使って隣の人と会話してみるというワークがあった。会場内は盛り上がった。

ご主人のパートが終わって、10分間の休憩となった。

休憩時間に控室へ行こうかどうしようか。

ここで、ちゃんと桃美さんに謝るべきだと思った。

しかし、気が重い。椅子にお尻が瞬間接着剤で貼りついてしまったように感じた。

どうしようか迷っているうちに休憩時間は終わった。

桃美さんの講演テーマは「億万長者と結婚した私の法則」だった。

第一の法則は「**男は男らしく、女は女らしく**」ということ。

「女性に対して『付き合ってください』と告白するのは、男らしい行為です。プロポーズするのも男らしい行為です。重い荷物を軽々と持ち上げてくれるのも、車を颯爽と運転する姿も、車道側を歩いてくれることも、モリモリご飯を食べるのも、全部男らしい行為です。そういう男らしい男性が、女性に対してアプローチしてくれます」

逆にいうと、男らしさを失った男性は、積極的に女性へアプローチしなくなるのだ。いわゆる草食系男子は性欲さえ減少してしまい、女性に興味がないのだという。

「男性に男らしくなってもらい、積極的にアプローチしてもらうためにはどうすればいいか？　それは女性が変わることです。女性が女らしく振る舞うことです。もしも、アナタが男らしく振る舞う女性だったとしたら、周囲には草食系男子ばかりが集まってくるでしょう。というか、草食系男子しかアナタのそばに行けないんです。男らしい男性は、女らしい女性を好みますからね。

男は男らしく、女は女らしくすれば、ベストパートナーはすぐに巡り合えますし、すぐに結婚できます。女らしい言葉づかい、女らしい態度、女らしい仕草、女らしい考え方、自分なりに考えてみてください。男の人も同様に、男らしさについて考えてみてください。まずは、グループを作って女らしさとは具体的にどんなものか、話し合ってみましょう」

4人1組になってグループワークをすることになった。

## ♥法則2／むしろ努力を楽しむ

第二の法則は「むしろ努力を楽しむ」ということだった。

桃美さんは、結婚当初のことを語り始めた。

「実は、新婚当時、私たちはトタン屋根のボロボロのアパート住まいだったんです」

ボクは桃美さんの講義を聞きながら、どうやって謝ろうかと考えていた。メールで謝るというのも大人げないし、手紙を書くというのも気が引ける。事件のあと1カ月も経過してしまったし、いまさら謝ってもどうしようもないという思いもあった。

どこか、座り心地の悪いものを感じていた。

「主人と出会ったときは、主人は会社を経営していてお金持ちでした。しかし、結婚と同時期にリーマンショックの影響もあり、会社が傾きました。当時はバブリーだったのでしょうね。何千万円も人に貸したり、新規の事業に手を出して大損をしたり、……それで、一気にどん底に落ちてしまいまして、新婚なのに貧乏生活ですよ。今だから言えますが、両親にも親友にも言えませんでした」

桃美さんの講義も上の空で聞いていた。

ボクはスマホをいじる。フェイスブックのメッセンジャーに、桃美さんへの謝罪文を書いてみた。3回読み直して消した。やっぱり、謝罪は直接本人に向かって言うべきだと思ったからだ。

「ある意味、詐欺ですよ。（笑い）お金持ちだと思って結婚したら、急に経営に失敗して転落したんですから。シャレになりませんよ。でもね、私はこう思ったんです。この人なら、生命力があるから、きっと、復活するって。妻として、それを支えるんだ。それが私の使命なんだ。この苦労が、いつかきっと財産になる。頑張って、私も働こう。努力して成長しよう。努力することって楽しいものだもの、一生懸命って気持ちいい！　それに……貧乏している今なら女性も寄ってこないし安全物件だわ！　そう思ったんです」

会場の参加者たちは目を輝かせて聞いている。ボクの前に座ったロングヘアの若い女性が激しく首を振ってうなずく。

ボクの頭のなかは、謝ることでいっぱいだった。

次のグループワークのときに、近寄って行って謝ろうかと考えた。参加者がワークをやっているとき、講師は手持ち無沙汰になる。その時間に桃美さんのところへ行って「先日は、新幹線のなかで失礼なことを言ってしまいまして、すみませんでした」と頭を下げればいい。それだけで、ボクの気持ちはスッキリするはずだ。

ところが、なかなかグループワークの時間は来なかった。

「成功者の99％は努力家です。スティーブ・ジョブズだって、ビル・ゲイツだって、本田宗一郎さんだって、松下幸之助さんだって、何時間でも没頭して結果が出るまで決してあきらめませんでした。1日8時間しか働きません、5時になったら帰ります、という成功者は一人もいません。みんな寝ないで働いて栄光を手にしたんです。はたから見たら、それはブラック企業ですよね。過労死するんじゃないかって心配になりますよね。努力って、苦しそうだなって思いますよね。

しかし、成功者本人たちは、そういう努力を苦しいと思わないんです。楽しいと思っていました。凡人には努力に見えることが成功者には単なる習慣だったりするんですよね。そして、億万長者たちは、努力家の女性が好きなんです。怠惰で横着な人を軽蔑します。キャリア女子たちに言いたいのは、億万長者と結婚するなら、努力家になるべきです。**努力が楽しいと思える女性になりましょう**」

桃美さんの声は心地よく会場に響いていた。

ボクはあいかわらず、謝ることを考えていた。

待て、待て、セミナー中に謝るというのはマズいだろ。講師は次に何を話すかを考えて緊張しているはずだ。そんなときに「先日はすみませんでした」などと言ってもどうにもならないだろう。

そんな簡単なことにも気づかないなんて、今日のボクはどうかしている。マズいぞ。変なことをしてしまいそうだ。

「結婚相手を探す婚活にしても、努力が必要です。正直、30歳を超えてくると、かなりの努力をしないとチャンスがないと思ったほうが良いかもしれません。

相手が見つかったとしても、デートして親密な関係になるには努力が必要です。結婚するにしても、やったことのない行事をいっぱいするわけですから、そこには努力が必要となります。夫婦生活を円満に送るときも、努力が絶対に必要です。人間は死ぬまで努力し続けなければいけないようにできているんです。どうせ、努力するのなら、楽しくすればいい」

「どうすれば楽しくなるんでしょうか?」

会場の前列で手が挙がり、質問が飛び出した。

「どうすれば、努力が楽しくなるのかというご質問にお答えします。答えは、ズバリ、**人生を旅行にたとえてみる**ことです。計画通りの旅行って楽しいですか？　美術館へ行って絵を観て、遺跡を見学して、遊園地のアトラクションに乗ったりとかって、何の思い出にもなりませんよね。逆に、ちょっとしたアクシデントだったり、困難な出来事だったり、嫌な思いをしたことのほうが思い出に残っていませんか？

人生は思い出作りです。年を取って夫婦でお茶を飲みながら思い出を語るときほど至福の時間はありません。私たちのように、新婚生活がボロアパートだったなんて、いい思い出じゃないですか。おもしろいと思いませんか？　お見合いを100回以上もしたとか、デートで喧嘩したとか、結婚式の式場選びで苦労したとか、結婚してからの生活費を稼ぐのが大変だったとか、すべて楽しい思い出になるんです。

私の夫は、田舎から親の反対を押し切って東京に出て来たそうです。当時はトタン屋根のアパートでお風呂がなかったので、大学の部室のシャワーを使ったとか、学食のふりかけがおかずだったとか……お金の苦労を私に楽しげに話すんです。

かくいう私も、恋人探しや婚活は、すごく楽しんでましたから。知らない世界の男性と話すだけでも知識になるし、テーブルマナーも磨かれましたもの。

だから、努力は楽しいという生き方を今日からしませんか。いいでしょうか？　これで答えになっていますでしょうか？」

「はい。ありがとうございます」

質問者はハキハキと言った。

## ♥法則3／甘い言葉に惑わされないで

第三の法則は「甘い言葉に惑わされないで」だった。

「現代は甘い言葉があふれています。たとえば、『頑張らない』という言葉があります。ああ、頑張らなくていいんだと思うと心が1ミリグラムほど軽くなりますよね。でも、それだけのことで何も変わらないんです。

私の知り合いで会社勤めしているキャリア女子がいます。彼女は会社を辞めて起業すると決意しました。決意したけど、頑張らないと決めているみたいなんです。頑張らないというよりも、頑張っちゃいけないという思いが強いんです。頑張るということとは、何か足りないという思いから生まれる思考ですから、足りない現実を引き寄せてしまいます。たしかに、そうです。足りないと思っていたら、いくら頑張っても結果はでません。

しかし、頑張らないとしても、足りないという思いは消えないんです。だから、彼女は1年後も同じように『私、起業します』って言ってます。たぶん、来年も会社勤めをしながら『私、起業します』って言ってるでしょうね。

みなさんの周りにそういう人はいませんか？『頑張っちゃダメなのよ』って言いながら何もしない人たちです。『頑張らなくていい』というのは、単なる気休めなんです。その気休めを聞いて、あきらめの人生を送ってしまったら、現状は何も変わりません。変わらないどころか、悪くなるいっぽうです」

「頑張らない病」の人たちは、心の底にはあきらめがある。あきらめた人間が夢を叶えられるわけがない。**あきらめた人間が幸せな結婚ができるわけがない**のだ。

「男の人たちは、女性の心をつかまえようとして、甘い言葉を吐きます。『頑張らなくていいんだよ。君はいまのままでいいんだ。努力する必要もないし、変わる必要もない。ボクはいまのままの君が好きなんだ』って言うかもしれません。そんなことを言われたら涙が出ますよね。

でも、そんな甘い言葉を真に受けてしまうと、大変なことになります。たとえば、待ち合わせの時間にいつも遅れて行くことが、なかなか直せない女性がいるとします。その女性が彼から『いまのままでいいんだよ』と言われました。彼女がそれを真に受けて相変わらず待ち合わせに遅れて行っていたら、どうでしょうか。

いつかは男性が爆発しますよ。『お前のそのルーズな性格だけは何とかしてくれよ。時間通りに来たことなんか1回もないよな。いいかげんにしろよ!』って叱られるんです。だから、甘い言葉に惑わされないでください。

笑い話ですが、結婚当初私は仕事が波にちょうど乗ってきた時期でした。『そのままで、自分の仕事優先していいから』と言われていたので、本当に1週間くらい何にもしない。料理も掃除も何にもしないで深夜に帰ってたんですね。……すると、夫が家でいじけてましたもの……(笑)。甘い言葉をそのまま真に受けるととんでもないことになるということです」

有名なカウンセラーが「頑張らないほうが夢は叶う」というメッセージを発信している。書籍もベストセラーになっている。セミナーを開くと超満員になるという。それで、「頑張らない」というメッセージだけが、社会に広まっていった。

その有名なカウンセラーは「頑張っちゃダメだ」と言うが、あきらめていいとは言っていない。行動もせず、部屋のなかでジッとしていればいいなどと言ってはいないのだ。頑張ったり、努力したり、気合を入れたりすると、それと同じだけのエネルギーでマイナスに引っ張られる。そうなると、1ミリも前へ進めなくなる。だから、頑張っちゃダメだと言っているのだ。

なのに、**「頑張っちゃダメだ」という言葉を「あきらめ」と受けとめてしまっている人があまりにも多い。**勘違いなのだ。心のブレーキを外して行動するために、「頑張っちゃダメ」なわけで、「あきらめる」のではないのだ。あきらめてしまったら、夢は叶わない。

剣の達人の「無」の境地と似ている。自分の器を空っぽにしていなければ、何も入らない。だから、心を空っぽにできる人が最強だ。心を空っぽにして、木鶏のようにジッと動かず、いつでも動けるような状態にするのがいい。

「億万長者たちは、決して甘い言葉を吐きません。気休めを言ってその場しのぎをするのが嫌いなんです。億万長者たちは、短期的な視点ではなく、常に長期的な視点を持っています。目の前の利益に目がくらんで将来の利益をフイにしたくないんです。気休めを言えば、その瞬間はいいかもしれませんが、それは麻薬のようなもので、どんどんエスカレートしていき、気休めの甘い言葉がなければ生きていけなくなります。何もしない、何も努力しない、何も成長しない人間になります。億万長者たちは、それを知っているので、甘い言葉を吐いたりしません。

キャリア女子たちに、これだけは、ホントに心して聞いてほしい。**もしも、アナタの周囲に甘い言葉だけを吐く男性がいたら、その男性は遠ざけたほうが良いでしょう。**いいですか、麻薬に手を出してはいけません。逆に、アナタの周囲に、アナタの成長のために厳しいことを言ってくれる人がいたら、その男子に近づいてください。その人がアナタを幸せへと導いてくれます」

## ♥法則4／ピンっとくるアンテナを磨く

第四の法則は「ピンっとくるアンテナを磨く」だった。

最前列の右端の女性が手をあげて立ち上がり、こんな質問をした。

「桃美さんは、婚活中に200回もデートしたそうですが、それって大変だったと思うんです。途中でやめようとは思わなかったんですか？　あきらめる気持ちを、どうやったら手放せるんでしょうか？　何かコツがあったら教えてください」

「ご質問、ありがとうございます。じつは、私はとても悲しい恋愛経験があります。いまでも思い出すと涙が出てくるほど、強烈なトラウマになっている体験です。主人以外は誰にも言ったことがないんですけど、今日は、思い切って話します」

おや？　と思った。これは、ボクが地雷を踏んでしまったことではないか。不倫に関する痛い思い出があるとご主人がメールで教えてくれたことに違いない。

「私には、主人と出会う前に、結婚しようと思った男性がいました。私は、一人っ子で、しかも女子高女子大の無菌培養のような環境にいて、白馬の王子さまが迎えに来ると思っていました。

その男性はＩＴ企業の経営者でお金持ちでした。背が高くてハンサムでした。気遣いのできる人で、デートになると優しくエスコートしてくれました。その男性と旅行に行くことになり、私の母にも会いました。しかし、彼には、奥さんがいたんです。

何かおかしいなと思っていました。やたらとケータイを気にするし、電話は決まって昼間だし、朝と夜はこちらからかけた後に、かけなおしてくるんですね。私は、いけないことだと知りつつも好奇心には勝てず、初めての旅行中に彼のケータイを見てしまいました。すると、奥さんからと思われるメールが何通もありました。『子どものこともあるし、離婚を……』書きかけで未送信になっている下書きメールを読んだときは、頭をハンマーで殴られたような衝撃でした。ガーーンときました。

母に相談すると、母が興信所を使って調べてくれたんです。彼に奥さんがいることは確実になりました。それでも私は、あきらめきれずに、彼の家まで行ってみました。すると、子どもと楽しそうに談笑している彼の声が聞こえるじゃありませんか。騙されたという怒りと、自分の愚かさを情けなく思う気持ちとが合わさって、胸が張り裂けそうになりました。

彼について、もう一つ許せないことがありました。じつはもう一人、私以外にも不倫相手がいたんです。ヒドイ男でしょ」

桃美さんは、その女性に電話したのだそうだ。「アナタ、○○さんとつき合ってるでしょ。私も付き合ってるの。そして、彼には、奥さんがいるわよ」とその女性にはっきりと言ったのだ。すると、その女性は絶句。しばらく、言葉がなかったという。

それでも、桃美さんは彼のことが、あきらめきれなかった。彼は桃美さんとのデートのとき「妻とは離婚する」と何度も弁解した。しかし、男が妻と離婚することはなかった。

「私は、どんどん惨めになっていきました。男に執着すればするほど、男は離れていくし、私は地獄の淵へと落ちていきます。生きる気力もなくなり、次の恋へ行けるわけもありません。生きる気力もないのに、結婚なんてあり得ない話です。すべてをあきらめかけていました。生きることも……。忘れようとしても忘れられないし、行ったり来たりで苦しかった。気持ちのバランスを取ろうとするのですが、惨めな思いだけがグルグル回っていました」

どん底の精神状態を救ったのは、母の言葉だった。

**「アナタのアンテナが曇っていただけなのよ。ピンっとくるアンテナを磨けばいいのよ」**

そして、母は、アンテナを磨く方法を教えてくれた。それが、次の三つを実践することだった。

## (1)小さな幸せを見つけて喜ぶ

毎日は、小さな幸せにあふれている。ご飯が食べられるのも幸せだし、体が丈夫で街を歩けるのも幸せだ。何ごともなく無事に家へ帰られたことも幸せなことだ。そうした、小さな幸せを見つけて喜ぶことだ。目玉焼きが作れたら「わぁ！　素敵！　目玉焼きが作れたわ！」と小さなことでも大喜びすればいい。そうすれば、幸せがあふれてくる。

## (2)自分軸で「美しいかどうか」「心地よいかどうか」を考える

静かに自分に問いかけてみるのだ。

「いまやろうとしていることは、美しいことなの？」

「いまやろうとしていることは、あなたにとって心地よいことなの？」

そんな質問を投げかけてみて、自分の内奥から答えが湧いてくるのを待つ。そして、その声に耳をすませてみるのだ。その声とは、自分自身に他ならない。つまり、自分中心にものごとを考えると、幸せへと導いてくれるアンテナが立つ。

### (3)「ありがとう」を口癖にする

すべてに「ありがとう」と言う。道で犬の糞を踏んだとしても「ありがとう」。会社の上司に叱られたとしても「ありがとう」。友だちに悪口を言われたとしても「ありがとう」。「ありがとう」を口癖にしていれば、人生すべてに感謝できるようになる。

「この三つを実践していくうちに、自分を傷つけた彼にさえ、いい経験をした『ありがとう』と言えるようになったんです。不思議なもので、この三つを実践していると、つらくてつらくてしかたないという悲しみや、あきらめの気持ちが自然と消えていきました。そして、いつの間にか、アンテナの感度がよくなっていきました。そして、いまの主人に告白されたとき、ピンっときたんです」

桃美さんは涙声で話した。心の深いところにあるカサブタを剝がすような気持ちで話しているのだろう。会場にはもらい泣きをする女性たちもいた。

ボクは新幹線でのことを思い出した。ボクは桃美さんにご主人が不倫しているかもしれない、などと失礼なことを言ってしまったのだ。まさか、桃美さんがこんなツライ経験をしているとは知りもしなかった。申し訳ない気持ちでいっぱいになった。

## ♥法則5／結婚しない理由じゃなくて、結婚する理由を探す

第五の法則は「結婚しない理由じゃなくて、結婚する理由を探す」ということだった。

「結婚しない理由はいくらでも見つかります。仕事が忙しくて時間がないとか、相手が見つからないとか、お金がないとか、その他もろもろ、いくらでも出てくるでしょう。しかし、そうやって『ない』ことにフォーカスすると、人生は『ない』ことだらけになります。そんな欠乏感に苛まれながら生きていたいですか？　どうせ一度の人生です。**『ない』ことではなく『ある』ことにフォーカス**して生きてみませんか？」

お金がないと言っても、日本人の平均年収は約４００万円。これを少ないと思うか、多いと思うかだ。世界の人口の70億人中で何番目になるだろうか。

少ないと思うと、どんどん少なくなっていくだろう。やる気も起きないし、アイデアも浮かばないし、気持ちもイライラするし、人間関係もぎくしゃくして人が近寄ってこなくなる。人の集まらないところに、お金が集まるわけがなかった。

逆に、多いと思うと、気持ちが豊かになる。発想も豊かになり、穏やかな気持ちが広がる。豊かで穏やかなところに人は集まる。人が集まるところに情報が集まり、お金も集まる。

「私は、フィリピンで暮らした経験があります。リアルに現地のフィリピンの人たちと生活しました。彼らの平均月収は3万円あればよいほう、日本人である私たちなどは、恵まれすぎていて、豊かでなにも不自由がない国に住んでいる。つまり『満ち足りている』ということを体感しました。

結婚も同じです。結婚するといいことがあると考えましょう。『ない』ことではなく『ある』ことにフォーカスするんです。お金がない、収入が少ないといっても、**夫婦で稼げば収入は単純に2倍になります。夫婦で仕事を協力し合えば毎日が楽しい夫婦の時間になります。その日の出来事を報告し合えば、毎日がかけがえのない思い出になります。**

主人に高いところにあるモノを取ってもらうこともできます。疲れたときは、マッサージしてもらうこともできます。一人で散歩するよりも、家族でするほうが楽しいですよ。旅行だって、家族で行ったほうが断然楽しい。私は落ち込んだとき、困ったことがあるときは、すぐに夫に相談して話すんです。それだけで心が軽くなるんですね。何をするにしても、一人でやるよりは、家族でやるほうが心強いし絶対に楽しいです」

桃美さんは、そこで一拍おいて、グラスの水を飲んだ。

「はい、ということで、お時間もそろそろ終わりに近づいてまいりました。今日のセミナーは、私の経験や夫の体験など自分たちの実践していることや考え方をお話しさせていただきました。なにか皆様の参考になったり、お役に立てたりしたら、うれしいです……。最後に、質問があれば受け付けますのでどうぞ、おっしゃってください」

沈黙が流れる。会場からは誰も手が挙がらなかった。

「じつは今日、作家の高橋フミアキさんが来られています。ひと言いただこうと思うのですが、みなさん、いかがでしょうか？」

拍手が起こる。

え？

何も聞いていないし、何も用意していないぞ。どうする？

「さあ、みなさん、ご紹介します。作家の高橋フミアキさんです」

ヤバいぞ。ここで引っ込んでしまうと、シラケた空気が流れてしまう。

ま、とにかく壇上にのぼる。

桃美さんがマイクをボクに渡す。しょうがない。腹を決めるしかないだろう。しかし、結婚否定派のボクが、結婚を肯定するセミナーで何を話せばいいのだろうか。

「こんにちは、高橋フミアキです。ボクは、結婚するとツライことばかり起こると思っていました。結婚は大変だし、結婚しても苦労するばかりだと思っていました。そのことで、桃美さんとも激論をかわしてきました。

ボクは一度結婚しましたけど、子どもが小学1年生のときに離婚しました。ツライことばっかりだったように思います。ツライことを思い出しては、結婚なんていいことなんかちっともありゃしない、キャリア女子たちに結婚をススメるなんてこと、絶対にできるものか、と思っていました。

しかし、いま、思い返すと、いいこともありました。いま、ふと、思い出したんです。赤ん坊の寝姿を眺めながら、夫婦で目と目を合わせてニッコリした瞬間のことを。あの瞬間、ボクは言い知れぬ幸福感に包まれました。他にもあります。朝、仕事に出かけるとき、妻が玄関まで走ってきてキスをしてくれたこともありました。車でドライブしていたとき運転するボクにチューイングガムをアーンと食べさせてくれたこともありました。田舎のオカンよりもおいしいカレーライスを作ってくれたこともありました。

離婚した妻は6年前に死んでしまったんですが、もう少し、優しくしてあげればよかったなぁと後悔しています」

そこまで言って、ボクは涙が押し寄せてくるのを耐えた。黙ったまま、グッとこらえた。顔が赤くなる。

「結婚がいいことなのか、悪いことなのか、いまのボクにはわかりません。しかし、悪いことだと生きていくよりも、いいことだと思って生きていく人生のほうが、もしかしたら、10倍楽しいんじゃないかと思います。最後にひとこと、結婚に関する名言はネガティブなものが多いんですが、こんなことを言ったスウェーデン出身のグレタ・ガルボという女優さんがいます。

『私は生涯結婚しませんでした。なんて私はバカだったんでしょう。これまで見たもののなかでもっとも美しかったものは、腕を組んで歩く老夫婦の姿でした』

ガルボと共演した男優のジョン・ギルバートが何度もプロポーズしたそうですが、ガルボは断り続けたそうです。しかし、そのことを晩年に後悔したようです。たった一度の人生です。決して後悔しないような生き方をしたいものですね。以上です」

ボクはそれで壇上を下りようと思った。

マイクを桃美さんに渡そうとしたとき、ふと気が変わった。謝るチャンスだと思ったのだ。

「最後に、もうひとことだけ。この場を借りて、桃美さんに謝りたいことがあります。1カ月前の新幹線のなかで、大変失礼なことを言ってしまいました。桃美さんが不倫男に騙されて、ヒドく傷ついたことを知らず、ご主人が不倫するかもしれません、などと失礼な冗談を言ってしまいました。本当にボクはバカチンでした。ごめんなさい！」

ボクは演壇から離れて、深々と頭を下げた。

「高橋さん、もう気にしてませんから。大丈夫ですよ」

桃美さんはマイクを受け取り、ボクの二の腕をポンポンと叩いて慰めてくれた。

ボクは、桃美さんの顔が見られなくて、もう一度頭を下げた。

## エピローグ

翌年の春、商社マンが結婚した。商社マンが中国へ転勤する前に挙式してしまおうと考えたそうだ。招待状にそのへんのいきさつが書いてあった。

相手は、40代女医だった。たしか、40代女医は外国で暮らすのは嫌だと言っていたはずだ。しかし、一緒に中国で暮らすということらしい。どういう心境の変化だろうか。

場所は目黒。豪華さでは都内で1、2を争う結婚式場だった。ロビーで時間を待っているときに、桃美さん夫婦がやってきた。

「あらぁ。高橋さん。いらしてたんですね。それにしてもビックリですよね。まさか、あの二人が結婚するなんて、思わなかったですもんね」

桃美さんは、新婦かと思うほどの華やかなドレスを着ていた。

「二人は常にバトルしてましたよね。どういう心境の変化なんでしょうね」

ボクは素直な疑問を言ってみた。

「何かあったんじゃないですかぁ」

そのへんの事情は桃美さんも知らないらしい。

「喧嘩するほど仲がいいって言いますけど、そういうこともあるんですね」

「喧嘩できるカップルって何でも言い合えるってことでしょ。腹のなかにためるカップルよりは絶対にいいと思いますよ」

「そういうことですかねぇ。何でも言い合える相手を見つけたということでしょうか？それにしても、新婦は女医を辞めて中国へついて行くわけでしょ。考え方が１８０度変わるなんて、考えられないですよ」

「男によって、女は変わります。女はそういうところがあるんです」

「ま、男も女によって変わりますけどね」

「高橋さんも、そんな女性が現われるんじゃないですか。紹介しましょうか？」

笑みを浮かべて、桃美さん夫婦は入口付近の受付へと向かった。

しばらくして式場スタッフから、準備が整ったので披露宴会場へ入るよう案内された。大きな丸テーブルに座る。桃美さん夫婦と同じテーブルだった。

「それにしても、豪華な結婚式ですね」

ウフフッと桃美さんは笑う。

「いまどき、こんな豪華な結婚式って珍しいですよね」

照明が暗くなる。感動的な黒人女性歌手の曲が大音量で流れる。新郎新婦が登場する。

ひな壇に新郎新婦が着席し、仲人から二人の紹介がある。

新郎の会社の上司の挨拶で乾杯となった。食べて、飲んで、おしゃべりした。

お色直しで新婦が会場から姿を消す。しばらくして、スポットライトに照らされた新郎が仁王立ちしている。背中には野球場で見かけるビールサーバーを背負っている。

ドアのところへ新郎が駆け寄り、ドアを開けるとそこにピンク色のドレスに衣装を変えた新婦が立っている。

新婦と新郎が、テーブルを回ってビールをついでいく。ボクたちのテーブルにやってくる。

「おめでとう」

よく通る桃美さんの声が響く。

その後は、歌やダンスなど、参加者のパフォーマンス大会となる。

新婦の友人のアトラクションが圧巻だった。シンデレラのガラスの靴がドライアイスの煙のなかから出てくるという演出である。新郎が女性たちの足にガラスの靴を履かせようとするのだがサイズが合わない。この靴にピッタリの女性はどこにいるんだ、と司会者が演技力たっぷりにアナウンスする。

友人女性たちにエスコートされながら、新婦が舞台に上がる。そして、ガラスの靴を履くとピッタリとはまる。会場は大拍手。

そこで、新婦がマイクを取り、こんなことを言った。

「私は、小さいころから、ずっといい子で育ってきました。いっぱい勉強して大学の医学部へ入り医者になりました。親は喜んでくれましたけど、私の心のなかでは何か自分の人生を生きていないという思いがあったんです。もっと自由に生きてみたいと思っていました。かといって、何かやりたいことがあるわけではありません。

だったら、一度頭のなかを空っぽにしてみようって思ったんです。空っぽにしなければ、新しいものは何も入りませんから。そして、頭も心も空っぽにしてみたら、結婚という文字が浮かんで来たんです。そんな気持ちにさせてくれたのは、この人です。私は、頭も心も空っぽにして、この人について行きます！」

新婦がそんなふうに新郎を紹介した。

最後に新郎が挨拶に立った。

「みなさん、私たちのために、忙しいなかお集まりいただきまして、ありがとうございます。心から御礼申し上げます。人は何のために生まれてきたのか？　もしも、その人生の目的が人を愛するためであるならば、愛する人と結婚することこそが、人生の目的ではないでしょうか？　本日は、本当に、ありがとうございました！」

新郎と新婦が深々と頭を下げた。

会場は万雷の拍手に包まれた。

なぜだか知らないが、ボクの目尻に涙があふれてきた。

## あとがき

いかがでしょうか？

最後までお読みいただきまして、ありがとうございます。

本書は、なかなか結婚へ踏み出せないでいるキャリア女子たちを、少しでも勇気づけられればという思いで作りました。

もちろん、すでに結婚している女性や男性たち、これから結婚しようか、どうしようか迷っている人たちにも大いに役立つ内容となっています。

メインテーマは「結婚と出産と育児を仕事にプラスにする方法」です。

多くの人は、「結婚」も「出産」も「育児」も仕事にマイナスになると考えています。

結婚すると自由がなくなりますし、仕事と家庭とどっちが大切なのかという究極の選択に迫られる局面もでてきます。

子どもが生まれて「育児」が加わると重荷感は倍増します。子どもが熱を出せば会社を早退しなければいけませんし、夜泣きすれば睡眠不足になって仕事に悪影響を及ぼします。

しかし、そうやって「結婚」「出産」「育児」のマイナス面ばかりに目を向けていても、解決策は見えてきません。人生がどんどん嫌なものに見えてくるでしょう。

人生をいまよりもっと豊かで幸せにするには、「結婚」「出産」「育児」のプラス面を見つけることです。そうすれば、人生が大きく開けてきますし、仕事もレベルアップします。やる気も出てくるし、気持ちも明るくなるでしょう。

「結婚」「出産」「育児」をマイナスと考えるか、プラスと考えるか？

どちらが幸せな人生を送れるか、賢明なあなたならご存知ですよね！

どうすれば「結婚」「出産」「育児」を仕事にプラスにできるのか？　その具体的な方法は本書に書いてある通りです。「結婚」も「出産」も「育児」も、実は仕事に大いにプラスになるのだということが、ご理解いただけたと思います。

マダム桃美夫婦はまさに「結婚」も「出産」も「育児」も、仕事に生かしています。桃美さんは、結婚しても、妊娠しても、出産しても、育児中でも、仕事を続けていますし、ご主人と家事を上手に分担しています。

価値観の違う者同士が夫婦になることで、学び合い、協力し合い、相乗効果を生み出しているのです。桃美さんは、ご主人から経営や投資に関することを学び、ご主人は桃美さんから、営業スキルや教育のことを学んでいます。

「価値観の合う人と結婚したいの！」

という人がいますが大きな間違いです。

価値観の違う者同士が結婚するほうが得られる恩恵は大きいのです。

桃美夫婦はビジネスで最高の協力関係を築いています。お互いの人脈を出し合って、「あの人に頼んでみようよ」とか「こんな人がいたら紹介してくれないかなぁ」とか、食事をしながら相談しているのです。ビジネスモデルに関するアイデアも夜のお酒の時間に話し合っています。まさに、これは戦略会議です。

こうした戦略会議が24時間開けるのも結婚しているからです。

しかし、桃美夫婦がこんなふうに幸せな家庭を築くまでには紆余曲折がありました。結婚当初、リーマンショックの影響を受けてご主人の会社が傾き、ボロアパートでの出発でした。雨漏りのするような部屋で細々と新婚生活を送っていたのです。

どん底の夫婦が力を合わせて這い上がっていきます。ビジネスアイデアや新たな事業計画を二人で話し合いました。お互いを信頼し合いながら必死に働いたのです。そんななかで見つけたノウハウが本書となって結実しました。

次は、この本を手にとった、あなたの番です。幸せな結婚をして人生を豊かにしてください。

「幸せになるためには行動あるのみ！」


本書を出版するにあたり、多くの人たちの力をお借りしました。インタビューに答えてくださったキャリア女子たち、国会図書館で論文を検索したり、エピソードや資料を集めてくれた㈱高橋フミアキ事務所の坂巻秀徳くんらスタッフたち、そしてコスモ21の山崎優さんには多大なるご尽力をいただきました。この場をお借りして御礼申し上げます。ありがとうございました。

〈参考文献〉

『マタニティ・ブルー／産後の心の健康と治療』キャサリーナ・ダルトン&ウェンディ・ホールトン著　上島国利&児玉憲典訳　誠信書房
『フランスの子どもは夜泣きをしない／パリ発子育ての秘密』パメラ・ドラッカーマン著　鹿田昌美訳　集英社
『夜這いの民俗学』赤松啓介著　明石書店
『夫婦という病／夫を愛せない妻たち』岡田尊司著　河出書房新社
『家族の古代史／恋愛・結婚・子育て』梅村恵子著　吉川弘文館
『センス・オブ・ワンダー』レイチェル・カーソン著　新潮社
『ベスト・パートナーになるために』ジョン・グレイ著　大島渚訳　三笠書房
『この人と結婚するために』ジョン・グレイ著　秋元康訳　三笠書房
『大切にされる女になれる本』ジョン・グレイ著　大島渚訳　三笠書房
『その科学が成功を決める』リチャード・ワイズマン著　文藝春秋社
『夫・手塚治虫とともに／木洩れ日に生きる』手塚悦子著　講談社
『大橋巨泉「第二の人生」これが正解！』大橋巨泉著　小学館
『ダイバーシティ・マネジメント／多様性を生かす組織』谷口真美著　白桃書房

結婚しないと言っているアナタにぜひ読んでほしい!!

2016年12月5日　第1刷発行

著　者――マダム桃美・高橋フミアキ

発行人――山崎 優

発行所――コスモ21
〠171-0021　東京都豊島区西池袋2-39-6-8F
☎03(3988)3911
FAX03(3988)7062
URL http://www.cos21.com/

印刷・製本――中央精版印刷株式会社


定価はカバーに表示してあります。

ISBN978-4-87795-344-7 C0030